多资产投资策略

资产管理的未来

曹实◎主编

李娜 何苗 等◎译

图书在版编目(CIP)数据

多资产投资策略/曹实主编. —北京：北京大学出版社，2020.3
ISBN 978-7-301-30907-0

Ⅰ. ①多… Ⅱ. ①曹… Ⅲ. ①金融投资—投资管理—研究 Ⅳ. ①F830.59

中国版本图书馆 CIP 数据核字（2019）第 232070 号

书　　名	多资产投资策略 DUOZICHAN TOUZI CELÜE
著作责任者	曹　实　主编
责任编辑	裴　蕾
标准书号	ISBN 978-7-301-30907-0
出版发行	北京大学出版社
地　　址	北京市海淀区成府路 205 号　100871
网　　址	http://www.pup.cn
电子信箱	em@pup.cn
新浪微博	@北京大学出版社　@北京大学出版社经管图书
电　　话	邮购部 010-62752015　发行部 010-62750672　编辑部 010-62752926
印刷者	北京宏伟双华印刷有限公司
经销者	新华书店
	787 毫米×1092 毫米　32 开本　5.75 印张　138 千字 2020 年 3 月第 1 版　2020 年 3 月第 1 次印刷
定　　价	38.00 元

未经许可，不得以任何方式复制或抄袭本书之部分或全部内容。
版权所有，侵权必究
举报电话: 010-62752024　电子信箱: fd@pup.pku.edu.cn
图书如有印装质量问题，请与出版部联系，电话: 010-62756370

谨以此书献给已故的 Franco Modigliani 教授，感谢他传授给我研究的秘诀。

对本书的赞誉

长久以来投资界曾主要聚焦于证券选择,却忽视了另一项重要的收益来源,那就是资产配置。面对近期出现的危机,考虑到仅通过证券选择实现收益的固有难题,旧模式的适用性受到高度质疑;而通过恰当管理因子敞口来实现优异业绩,正逐渐成为人们关注的焦点。作为这一趋势的一部分,多资产投资越来越受到经验丰富的机构投资者的欢迎,这些机构投资者专注于在大类资产之间和同类资产内有效地获取风险溢价。在这种形势下,由曹实主编的《多资产投资策略》一书正是应时而生的创举。本书通俗易懂,对那些对此话题知之甚少的专业投资人士,它提供了一系列关于多资产产品的有建设性的文章。最有趣的是,它还从投资者的角度对具体案例进行了深度解读。

Lionel Martellini
法国北方高等商学院金融研究中心总监
法国北方高等商学院金融系教授

对本书的赞誉

《多资产投资策略》一书,针对投资界一些领先的概念与尚存的争议,它是一本权威、前沿的指南。曹实担任主编,设定了主题,挑选了知名专家撰写相应章节,并提供了实际案例。本书重点剖析了大类资产的因子敞口、动态资产配置、风险平价与晨星风格箱。在案例分析和基金经理访谈部分,本书带我们走进三家全球领先的资产管理公司,看看它们如何管理自己的投资组合。尽管在一些问题上我们存在分歧,我仍将大力推荐这本好书。

Roger Ibbotson
耶鲁大学管理学院教授
Zebra Capital Management, LLC 董事长

没有人能持续战胜市场,但是多资产策略,可以持续满足各类投资者尤其是长期投资者的资产配置需求,这正是资产管理人的根本价值所在。本书全面透视多资产策略的理论与实践,为资产管理人提供了不可多得的参考。

洪磊
中国证券投资基金业协会会长

曹实在书中介绍了多位顶尖投资专家在多资产管理领域采用的不同方法。作为一个全球资产配置者,我十分欣赏多资产策略的荟萃效应。毫无疑问,本书将使读者全面了解这一领域。

Robert Browne, CFA
Northern Trust 首席信息官

理论上，多资产投资听起来很直接：跨越多种大类资产进行投资，以实现满足投资者需求的长期回报，真正实践起来却远远没有这么简单。它需要整合各种截然不同的技能，从资产配置到股票选择，同时，只有对市场有足够深入的了解，才能精心构建符合投资目标的组合。《多资产投资策略》一书专业地概括出了多资产投资领域理论与实践的要素，特别是案例分析和基金经理访谈部分，对实践多资产投资策略提供了深刻的见解。

Phil Graham, CFA
美世投资咨询亚太区副首席投资官

读毕此书，顿感酣畅淋漓，醍醐灌顶。本书无论是行家里手，还是对初学乍练者，都将大有裨益。

Martin Atkin
联博控股多资产策略组董事总经理

序 言

CFA(Charted Financial Analyst)Institute 致力于全心全意为 CFA 持证人提供服务,帮助持证人发现那些可能会影响其职业生涯的行业发展趋势。我们的工作是帮助持证人洞悉行业中最前沿的发展动态,并提供持续职业发展教育。近几年,我们观察到的一个行业新趋势就是多资产投资。

多资产投资之所以受到投资者的欢迎,是因为比起相对业绩,投资者更加看重投资的绝对表现。众所周知,以结果为导向的投资,使得投资专业人士的注意力从超越每个季度的市场基准,转移到满足投资者的需求。多资产投资策略不仅契合了以结果为导向的投资理念,而且提供了满足这一目标最好的投资产品和解决方案。

多资产投资策略尚未被整个投资行业接受的一个原因在于,大家错误地认为资产配置方法及多资产策略产品完全属于量化领域。我们并不这么认为。我们认为多资产投资方法可以让所有投资专业人士受益，从而为投资者带来更多的收益，以及效率提升。例如，自上而下进行资产配置的基金经理，可以显著受益于增强版的资产配置方法。单一资产组合的基金经理，也可以了解自己管理的资产类别是如何融入全局中的。

获得效率提升的另一个重要原因是，多资产投资策略打破了量化投资人与基本面投资人之间的隔阂，前者通常采用自上而下的投资方法，而后者倾向于自下而上地管理投资组合。目前，大部分量化投资人的资产配置决策是基于其对底层基金的了解（或缺乏了解）而做出的，而这一方法天生就是低效的。在这方面，Dennis Stattman 及其团队的发展过程很好地揭示了这一问题。

为了让所有的专业投资人士都能读懂这本书，我们要求所有的撰稿人，包括一些顶尖的量化投资人，使用通俗易懂的语言来解释相关的概念，并且不要使用数学公式。我们同样试图通过案例分析的方式，来揭开多资产投资策略的神秘面纱。在本书中，全球最知名的基金经理将向大家展示其是如何成功管理多资产组合的。尽管不同的基金经理都有自己独特的投资方法，一些是量化的方法，另一些可能是基本面的方法，但或多或少都与本书提到的投资哲学相同。

近年来，多资产投资策略的普及度之所以稳步增长，正是因为这一投资策略满足了长期投资者的投资需求。作为投资管理教育的提供者，我们非常高兴 CFA 持证人在 CFA 课程中能够学习到多资产投资策略的相关知识。作为专业人士，我们必须跟上行业的最新

序　言

发展脚步。

感谢在这一重要项目上与我们合作的各位专业人士。曹实先生和他的同事执行并完成了这个项目,十分令人钦佩。我们期待有一天,整个行业都会使用多资产投资策略,我们将会更好地满足投资者的需求。我们衷心地希望本书能给大家带来帮助。

施博文
前 CFA Institute 总裁兼首席执行官

作者简介

Gregory C. Allen,美国最大的独立投资咨询机构之一Callan, LLC的首席执行官、首席风险官兼总裁。他全面管理Callan公司的咨询、研究与教育工作,包括全球基金经理研究、另类资产研究、资本市场研究、数据库、客户报告服务和运营。Gregory同时也是公司管理委员会、另类资产审核委员会、机构咨询委员会、客户政策审查委员会以及投资委员会成员。Gregory也是Callan公司的董事会成员和股东。Gregory于1988年加入Callan公司圣弗朗西斯科办公室,担任分析师,专注于资本市场研究、资产配置、负债分析以及管理人结构分析。1993年,Gregory开始管理Callan公司的运营和资本市场研究团队,负责公司数据库管理和绩效评估系统的重新设计和实施工作。2000年他被晋升为研究总监;2007年升任公司总裁;2017年担任公司CEO。他在 *Journal of Portfolio Management*

和 *Journal of Investment Management* 等期刊上发表了数篇文章。

曹实，CFA，CFA Institute 金融分析研究高级总监。他开展原创性的研究，并专注于亚太地区投资行业的 CFA 持证人教育工作。曹先生拥有逾 20 年的投资经验。在加入 CFA Institute 之前，曹实曾在汇丰银行担任亚太地区高级管理人员。他最初在中国人民银行任美元固定收益投资组合经理。曹实也曾在美国的一家资产管理公司 Munder Capital 管理美国和国际股票基金（过程中斩获了著名的 Lipper 奖）。曹实还曾在晨星（Morningstar, Inc.）旗下的 Ibbotson Associates 为全球性金融机构制订多资产投资方案。曹实曾接受大量全球以及区域性商业媒体的采访，包括《金融时报》《华尔街日报》，以及彭博社和 CNN。他曾多次在行业研讨会上发表关于金融科技和多资产投资的主题演讲，并主导编纂了一系列与之相关的出版物。曹实毕业于北京大学，并曾在美国麻省理工学院斯隆商学院做访问学者。

许仲翔（Jason Hsu），锐联财智（Rayliant Global Advisors）创始人兼首席投资官。锐联财智是一家利用量化分析和基本面研究方法，专注于中国股市的资产管理公司。许仲翔也是 Research Affiliates 的联合创始人，该公司目前管理着约 1 600 亿美元的资产，专注于 Smart Beta 指数投资和资产配置。许仲翔是 *Financial Analysts Journal*、*Journal of Investment Management*、*Journal of Investment Consulting* 和 *Journal of Index Investing* 等期刊的编委会成员。许仲翔是美国加州大学洛杉矶分校安德森商学院的金融学兼职教授，同时也是日本京都大学的客座教授。许仲翔曾发表过超过 40 篇学术文章以及 8 本著作。许仲翔的研究曾经两次获得 CFA Institute 的 Graham & Dodd Scroll 奖、两次 Bernstein Fabozzi/Jacobs Levy 杰出研究奖以及三次 William Sharpe 最佳研究奖。许仲翔于 2008 年被美国 *Institutional Investor* 杂志评为全球 20 大行业新星之一。他联合发明的基本面指数在 2007 年、2008 年和 2009 年连续三年获得 *Global Pensions* 杂志的最佳指数奖。许仲翔于美国加州大学洛杉矶分校安德森商学院获得金融学博士学位，并拥有斯坦福大学的硕士学位和加州理工学院的学士学位。

谭超杰，新加坡政府投资公司（Government of Singapore Investment Corp., GIC）经济和投资策略部门（Economics & Investment Strategy, EIS）的总投资组合策略（Total Portfolio Strategy, TPS）团队主管。他领导下的 TPS 团队负责向公司管理层、董事会和客户提供有关建立和管理 GIC 投资组合和主动策略的建议。TPS 团队负责向公司提供市场评估和投资组合分析，以帮助公司管理层和董事会做出相应的投资决定。基于市场机会和风险，该团队协助管理层评估公司的主动投资组合表现及具体投资策略。在董事会的批准下，该团队会进一步与客户密切合作，帮助其确定投资目标和风险承受能力，并设定相应的资产配置策略。在 GIC "新投资框架"的构思和实施中，谭超杰和他的团队发挥了关键作用。谭超杰于 1993 年加入新加坡政府投资公司，在宏观经济与策略部门任高级经济学家。1994 年，他被调至外汇交易部门，在该部门度过了 6 年的时间，离开前为该部门的高级投资经理。2001 年，在摩根士丹利度过一段短暂时光之后，谭超杰重新回到新加坡政府投资公司的外汇交易部门。2004 年，谭超杰被调至投资政策和策略部门。2011 年，投资政策和策略部门、宏观经济与策略部门合并成为新的 EIS 部门，谭超杰担任资产配置策略（Strategic Asset Allocation，SAA）的主管。作为 SAA 的主管，他为公司管理层和客户在资产配置和投资策略方面提供建议。谭超杰分别于 1985 年和 1989 年获得英国剑桥大学经济学学士学位和经济学硕士学位。新加坡公共服务委员会于 1982 年授予他总统奖学金。

柳秉捷，CFA，本书英文版出版时他任新加坡政府投资公司经济和投资策略部门的总投资组合策略团队副主管。在 TPS，柳秉捷负责分析和评估公开市场股票、私募股权、基础设施投资和基于因子的投资策略。柳秉捷于 2013 年 1 月加入 GIC，任人力资源和组织部门副总裁，负责整个公司人力资源和组织发展计划的策划与实施。2015 年 1 月，柳秉捷被转调至 EIS 部门旗下的 TPS 团队。在加入 GIC 之前，柳秉捷是新加坡国防部（Singapore Ministry of Defence）战略和运营规划部门的负责人。他在那里创立了国防部的战略规划和发展框架。柳秉捷还建立了国防部预算监督机制和资源分配机制。在加入新加坡国防部之前，柳秉捷任职于新加坡财政部，负责审核 GIC 向财政部提交的投资政策，以及新加坡金融储备管理方面的一系列工作。2000 年，柳秉捷获得新加坡公共服务委员会海外荣誉奖学金。2003 年，柳秉捷以优异的成绩毕业于美国康奈尔大学，获得机械工程学士学位；2004 年在康奈尔大学获得机械工程硕士学位。他还拥有新加坡国立大学金融工程硕士学位。柳秉捷是 CFA 持证人和 CAIA 持证人。

作者简介

Jeffrey Ptak,CFA,2015 年至今任晨星全资子公司晨星研究服务公司(Morningstar Research Services,LLC)的全球基金经理研究主管。此前,Jeffrey 曾担任晨星投资服务公司总裁兼首席投资官达 6 年之久。该公司是晨星旗下提供组合管理服务的单元,通过独立财务顾问模式收费。Jeffrey 于 2002 年加入晨星,先后担任共同基金高级分析师、股票分析师、ETF 分析主管和 *Morningstar ETF Investor* 的编辑。他曾短暂离开晨星,在 William Blair & Company 担任投资产品分析师。在他职业生涯的早期,他曾是安达信会计师事务所的一名经理。Jeffrey 拥有美国威斯康星大学会计学学士学位,同时也是一名 CFA 持证人。

Brian Singer,CFA,William Blair & Company 公司动态配置策略(Dynamic Allocation Strategies,DAS)团队的负责人。他同时也是该公司的投资组合经理,与 Thomas Clarke 共同负责公司所有动态配置策略组合的战略设置与组合构建。在 2011 年加入 William Blair & Company 之前,Brian 曾是 Singer 公司的投资策略主管。在此之前,他曾担任瑞银全球资产管理公司的全球投资解决方案主管和美国市场首席投资官。当时,他还是瑞银集团管理委员会和瑞银全球资产管理执行委员会的成员。Brian 与 CFA Institute 的关系非常紧密。他是 CFA 芝加哥协会(CFA Society Chicago)和 CFA Institute 研究基金董事会的成员。2015 年,他获得 CFA Institute 杰出服务奖。该奖项授予那些通过领导力、出色的管理能力和杰出服务来为 CFA Institute 做出重大贡献的成员。他曾是 CFA Institute 董事会成员和理事会主席。Brian 撰写了大量有关全球投资组合、外汇和业绩问题的文章，并与 Gary Brinson 和 Gilbert Beebower 合著了"投资组合业绩的决定因素 II：一些更新"（Determinants of Portfolio Performance II: An Update）。2009 年，他作为第一作者出版了 *Investment Leadership and Portfolio Management*（Wiley 出版社出版）一书。2015 年，Brian 被 Spaulding 集团提名进入业绩和风险管理名人堂。Brian 是英国牛津大学艾克塞特商学院捐赠基金投资委员会成员。Brian 还是 Free to Choose Network 组织的主席，该组织受经济学家 Milton Friedman 启发而创建。他是美国芝加哥康复研究所（Rehabilitation Institute of Chicago）基金会的董事会成员。Brian 拥有美国西北大学经济学学士学位和芝加哥大学布斯商学院 MBA 学位。

张永水，CFA，新加坡政府投资公司首席经济学家、经济和投资策略部门主管，负责管理 GIC 的经济和投资策略团队。该团队负责资产配置、总投资组合建立以及识别影响 GIC 投资组合的关键长期趋势。张永水拥有美国芝加哥大学的经济学学士学位和美国罗切斯特大学的经济学博士学位。他是一名 FRM 持证人，同时也是 CFA 持证人。在加入 GIC 之前，张永水任职于国际货币基金组织，在亚太部门、货币与金融系统部门、政策发展和审查部门以及欧洲市场二部都曾工作过。张永水还曾是新加坡金融管理局金融监管部主管。

沃飞流（Phillip Wool），锐联财智负责股票研究的副总裁。在加入锐联财智之前，沃飞流是美国纽约州立大学布法罗分校的金融学助理教授，研究量化交易策略和投资者行为，并教授投资管理学。在进入学术界之前，沃飞流曾在一家机构基金顾问公司 Hammond

Associates 担任研究分析师，负责另类资产研究。沃飞流拥有美国加州大学洛杉矶分校安德森管理学院的金融学博士学位，他在美国华盛顿大学圣路易斯分校获得经济学学士学位、金融学和会计学学士学位。

本书翻译分工

第1章 刘爽 阿联酋政府基金
第2章 李娜 全国社会保障基金理事会
第3章 季江雨 上海理成资产管理有限公司
第4章 马文慧 云锋金融集团
第5章 武鑫 全国社会保障基金理事会
第6章 陈晓颖 平安资产管理有限责任公司
第7章 何苗 国泰君安证券股份有限公司
第8章 黄奕冲 摩根士丹利华鑫基金管理有限公司

推荐序

多资产投资：理论与实践

多资产投资策略近年来成为投资管理行业的热门话题。如何更好地进行多资产投资成为投资管理行业的一个前沿课题。

资产配置方法是进行多资产投资的基础，其核心是在获取长期风险溢价的同时分散组合风险。这一原则在实践中得到了不断深化和诠释，在投资管理中发挥着越来越重要的作用。第一代股债60/40的资产配置方式确立了市场组合的理念；第二代以耶鲁模式为代表的捐赠基金模型，将私募和对冲基金等另类资产引入其中，拓展了配置范围；第三代配置理念突破传统的资产类别概念，从风险溢价的来源入手将资产配置转化为风险因子配置，进一步提高了风险的分散程度。

纵观资产配置模型的演化历史，配置理念的发展始终围绕着两个问题：一是配置的内容，即投什么的问题；二是配置的方法，即怎么投、投多少的问题。配置内容的发展实现了由公开市场到非公开市场、由资产范畴到因子范畴的演化，在广度和深度上取得了进步，拓宽了多资产投资的边界。而配置方法则有待进一步发展。配置方法的突破取决于对组合收益、组合风险，以及收益风险平衡机制的深入研究，多资产投资对配置理念的发展将起到了重要的促进作用。

多资产投资也是机构投资综合能力的展现。由于涉及多个资产类别，多资产投资对资产配置、风险管理、投资研究、投资基础设施的要求较高，能够开展多资产投资是机构运作成熟的标志与体现。多资产投资的发展是资产管理行业日趋成熟的结果，也将是进一步推动行业发展的动力。

国际同行在多资产投资理论和实践上不断探索，其中的有益经验可以为中国的资产管理从业者所借鉴。从 1998 年最早的基金管理公司创建以来，在过去二十多年间，中国的资产管理行业取得了长足发展，投资产品种类日渐丰富，机构投资者的力量不断壮大，资产管理的形式也从早期的基金公司拓展到银行理财、保险资管、信托、券商资管等多种形式，行业的竞争格局发生了转变，差异化竞争愈发明显。资本市场的蓬勃发展，既为开展成熟的多资产投资提供了可能，也在客观上提供了市场需求。

作为资产管理行业的中坚力量，CFA 持证人的理论认知与专业实践是资产管理行业发展的重要推动力量。在当前中国资产管理行业新的战略发展机遇背景下，相信本书所探讨的多资产投资策略能够引发业界同仁的思考，并共同探索符合中国国情的资产管理发展道路，为全球资产管理行业提供独特的中国视角。

石成钢
中国投资有限责任公司 股权策略投资部总监

前　言

尽管多资产投资策略声名在外——特别是 2008 年金融海啸之后，却鲜有书籍介绍这一主题。而在小部分相关作品中则充斥着大量的数学公式，这些书籍主要面向量化投资人。目前市面上十分缺少面向普通投资者的多资产投资策略著作。我们尝试用这本书来填补这一空白。

在项目设立之初，前 CFA Institute 总裁兼首席执行官施博文先生指出，希望能够创作一本关于多资产投资策略的经典之作。现在，我们已经朝着这个目标踏出了第一步。

本书在编撰时始终聚焦三个原则：①简要性，书中每个章节的篇幅都可以在 15—20 分钟内读完；②可读性，全书的遣词造句通俗易懂，且没有任何数学公式；③权威性，本书得到了全球范围内多位权威行业专家的参与。

内容架构

本书内容涵盖多资产投资策略的概念和实践。第一部分（1至5章）关注多资产投资策略的两大重要概念。第二部分（6至8章）则是对一些机构的案例进行研究。

第1章奠定了全书的基调，解释了多资产投资策略的产品类型，强调了多资产策略产品与传统的平衡型基金以及基金中的基金不同。

第2章中，锐联财智的许仲翔和沃飞流将讨论在资产配置中，使用多资产策略的投资者如何利用风险因子配置增加收益。尽管量化分析师在缺少数学公式的情况下解释风险因子配置的概念十分具有挑战性，但是两位作者做出了很好的阐释。

第3章中，Brian Singer 将运用他的总体投资分类法，解读动态资产配置（Dynamic Asset Allocation，DAA）和战术资产配置。DAA是一个非常具有挑战性的话题，很多投资者都将其与市场择时相混淆。Brian 引用了从 John Maynard Keynes 到 Gary Brinson 等大量权威人士的论断来澄清这一误解。

考虑到大部分投资者的关注点，第4章将讨论风险平价的问题。Greg Allen 将会分析风险平价理论及其历史表现，并对这一策略进行不偏不倚且令人信服的评估。

风险因子配置长期以来都是学者和量化投资人的主战场。晨星的投资风格箱直观地展示了普通投资者如何在日常投资中应用这一概念。Jeff Ptak 将在第5章中探讨这一策略，并从方法论和应用角度向散户投资者介绍这一实用工具。

本书最后的三章介绍现实中的投资案例：三位杰出的亚洲主权

财富基金管理人和两位资深的投资组合管理人将会分享他们管理多资产组合的经验。

第 6 章中，来自 GIC 的三位高管将为大家展示 GIC 完善的体系。关注长期表现是 GIC 的一个重要特点，这也契合了其投资组合的长期限属性。GIC 的风险和收益目标清晰地反映出其对于长期购买力增长的看重。

第 7 章是对拥有多年投资经验的贝莱德（BlackRock）基金经理 Dennis Stattman 的访谈。Dennis 于 1989 年开始管理全球资产配置基金，是资产配置领域真正的先锋。他将会分享自己管理产品的细节和多年来保持业绩的方法。我们相信这样的对话会让大家受益匪浅。

第 8 章是与 GMO（Grancham, Mayo, Van Otterloo & Co.,LLC）公司长久期组合基金经理 Ben Inker，CFA，的对话。Ben 从 GMO 著名的创始人 Jeremy Grantham 手中接手了对资产配置产品的管理。Ben 有自己独到的投资方式——概括来讲，是多资产策略；具体而言，则是基于宏观经济分析和基本面分析的，用定量的眼光实施的投资策略。

谁应该读这本书

我们的目标是为那些尚未熟悉多资产投资的概念和应用的投资决策人提供一些指引。即使在今天，资产配置似乎仍是量化分析师的主场。但是绝大部分投资者并不是量化分析师，因此很多人没能接受多资产投资策略。所以，为了使更多人理解本书，我们有意识地在全书表述中避免使用数学公式。

我们的另一个决定是保持每一章节都非常精炼，使读者在

15—20 分钟内可以读完一章。并且，每一章都可以独立阅读，并不需要遵循各章的先后顺序。我们的理由很简单：投资人的时间十分宝贵。我们认为这是让目标读者能够消化这本书的唯一方法。

希望本书能为以下读者带来帮助：

- 希望了解多资产投资策略发展现状的首席投资官。
- 所管理的产品仅为多资产投资组合的一部分，希望了解多资产组合全貌的基金经理和分析师。
- 希望学习最新的多资产投资趋势，从而能与客户更好进行沟通的销售人员、产品经理和客户基金经理。
- 希望从最新的机构多资产投资方法中获益的财富管理经理。
- 希望充分利用行业知识来管理自己投资的散户投资者。
- 希望紧跟行业发展的监管者。
- 教授高阶投资课程的教授，或学习相关课程的学生。
- 希望获取能供所有投资者使用的投资类书籍的公司和大学图书馆。

根据难度等级分类，第 1 章适合所有等级的投资者。剩余的篇幅适合中级投资者和资深投资者。

我要感谢 CFA Institute 的以下同事：Paul Smith, Nitin Mehta, Nick Pollard, Rob Gowen, Joey Chan, Julie Hammond, Glenn Doggett, Tom Berry, Joyce Chan, Missy Tierney, 以及实习生 Natalie Wong 对于本书的支持和帮助。我要感谢在 2014 年我所主持的行业会议上发言的各位专家，这些专家包括：First State Super 前任首席投资官、现任 Leapfrog Investment 合伙人 Richard Brandweiner、瑞典 AP2 养老基金（The Second Swedish National Pension Fund）首席策略师 Thomas Franzén；韩国政府投资公司（KIC）前任首席投资官、现

前言

任亚洲基础设施投资银行（Asian Infrastructure Investment Bank，AIIB）投资运营局局长 Dong-Ik Lee；以及泰国国家养老基金（Thai Government Pension Funds，GPF）副秘书长 Nachcha Protpakorn。我要感谢 2015 年与我们见面的 Janus Henderson 首席策略师 Myron Scholes。与上述这些专家的讨论对本书的成形起到了重要的作用，是我们写作本书以及另外一本 *Managing Multi-Asset Strategies* 的基础。

对于任何有经验的多资产投资策略研究者或实践者，如果希望在未来就这一话题发表自己的见解，请随时联系我们。我的联系方式为：larry.cao@cfainstitute.org。

曹实，CFA

目　录

第一部分　资产配置与组合构建的新前沿

第1章　多资产投资策略要义 3
1.1　多资产投资策略的类型 3
1.2　多资产投资策略中的投资人和基金经理 5
1.3　多资产投资策略的业绩评估 10
1.4　多资产投资与其他策略的区别 12
参考文献 15

第2章　风险因子配置 17
2.1　因子与资产配置 17
2.2　大类资产与因子敞口 18
2.3　养分之于食物，因子之于资产 20
2.4　因子框架的应用 21
2.5　注意事项 27
2.6　小结 31
参考文献 31

第3章 动态资产配置 33

3.1 资产配置策略的主要类别 34
3.2 系统性风险配置 39
3.3 投资分类体系和流动性另类投资 41
3.4 主动货币中隐藏的分散性 46
3.5 风险管理 50
3.6 小结 51
参考文献 52

第4章 风险平价：是灵丹妙药还是缘木求鱼 53

4.1 引言 53
4.2 风险平价组合和现代投资组合理论 54
4.3 风险平价和效率 60
4.4 风险平价组合和杠杆 61
4.5 风险平价的业绩 64
4.6 美国机构采用风险平价策略的历史 69
4.7 小结 72
参考文献 73

第5章 晨星投资风格箱 74

5.1 概述：股票投资风格分析 74
5.2 晨星投资风格箱的历史 75
5.3 总览 76
5.4 驱动原则 77
5.5 投资风格箱的工作原理 81

5.6 使用晨星投资风格箱 86
附录 5.A 持股分析法与收益分析法 92
附录 5.B 晨星基金分类的判定和维护 96
附录 5.C 晨星固定收益投资风格箱 97
参考文献 99

第二部分 案例分析和基金经理访谈

第 6 章 GIC——以长期投资方法管理新加坡的金融储备 103
6.1 GIC 的职责——为 GIC 定义成功 104
6.2 GIC 的投资框架 105
6.3 政策投资组合 109
6.4 主动投资组合 112
6.5 GIC 的优势 116
6.6 小结 117

第 7 章 基金经理访谈：DENNIS STATTMAN, CFA 119
7.1 初心 119
7.2 成长 122
7.3 过程 125
7.4 实战 131

第 8 章 基金经理访谈：BEN INKER, CFA 135
8.1 资产配置：GMO 的哲学和方法 135
8.2 业绩评估 141
8.3 GMO 团队如何创造价值 144

第一部分
资产配置与组合构建的新前沿

第1章

多资产投资策略要义

曹实，CFA

多资产投资策略[1]是投资管理行业的新名词，此前很长一段时间里，它被称为平衡型基金。虽说新名词本身并不代表新的产品管理流程，更不代表更高的收益或更好的风险分散效果，我们在本书专门用这个词来指代投资领域的新范式：投资决策人在管理投资组合时会采用的整体观。

接下来，我将向大家分别阐释：①多资产策略的各种产品类型；②多资产策略的关键参与者及其角色；③多资产策略的业绩评估；④多资产策略区别于一般平衡型基金的关键指标。

1.1 多资产投资策略的类型

多资产投资策略是一种涉及多种资产类别的投资策略。一般来说，在投资单一投资类别的子策略之上，多资产策略有一个总的资产配置计划。

---

[1] 为方便叙述，本书有时将"多资产投资策略"简称为"多资产策略"。——译者注

多资产投资策略

我有意让这一定义非常灵活,从而可以涵盖下文强调的所有可能的情况。

传统的平衡型基金通常会组合一只(核心)股票基金和一只(核心)债券基金,再加上一些现金作为缓冲垫。随着时间的推移,核心股票和债券基金会进化成拥有多种(子)资产类别的基金。这种"新"产生的基金与传统平衡型基金的区别主要在于前者的(子)资产类别有所增加。在很多情况下,这些基金只是简单地保留了平衡型基金的门类。不过在过去的 10—15 年间,基金中的基金(Fund of Fund,FoF)也成了一个热门的名称。

近年来,特别是自全球金融海啸以来,这些"新"产生的基金产品更多地被冠以多资产投资策略的名称进行销售。很多产品采用了动态资产配置,这在全球金融海啸之前并不常见。

多资产投资策略涵盖四大主要资产类别:股票型基金、债券型基金、另类资产和现金。每类资产下,又可以进行多种切分。

股票型基金可以按照投资规模(大型、中型、小型、微型);投资风格(成长型和价值型);行业(消费、金融、医疗、工业、科技等)和地域(亚洲、欧洲、美洲等)进行分类。

债券型基金可以根据久期(长期、中期和短期);信用等级(综合、政府、公司、高收益等);地域(美国、新兴市场等)以及计价货币(美元、欧元和当地货币)进行分类。

另类资产包括各种对冲基金、基建设施投资、私募股权和房地产投资。在机构型多资产策略中,另类资产很普遍。由于流动性和监管的限制,面向散户的投资计划通常无法包含较多种类的另类资产。

广义的多资产投资策略基金还包括那些只投资特定领域的基金。这些"特定领域"可以是任何大类资产，例如另类资产或全球股票。它们的存在弥补了一些资产所有者和基金公司在这些特定领域中投资能力的不足。

对冲基金母基金（the Fund of Hedge Funds，FoHF）很显然符合多资产投资策略的标准。设立这样一只基金的依据很简单：对冲基金的唯一目标是创建 alpha，这样能够取得诱人的业绩，但也时常会带来波动性。对冲基金母基金是对冲基金业的一项尝试，旨在满足主流投资者对更高收益和更小波动性的需求。对冲基金母基金也被称为多策略对冲基金，这可能会给人们带来一些疑惑。多策略基金可以是广义多资产投资策略下的一个特例：大部分多资产投资策略都会涉及多个资产类别，但不一定涉及对冲基金。

在美国流行的目标日期基金也是多资产策略基金的一种。与典型的多资产策略基金不同的是，目标日期基金的资产配置会随着时间，或是退出的"目标日期"的变化而变化。为了便于区分，业界创造了"目标风险基金"一词来指代"传统"的母基金。

1.2　多资产投资策略中的投资人和基金经理

多资产策略的产生有两个原因。第一，其产生在一定程度上受到了产品差异化需求的推动。近几十年来，随着新的产品不断被创造，资产类别的数量呈爆炸式增长。第二，战术资产配置在全球金融海啸后开始流行，而多资产策略这个名称本身暗示着（虽然不一定准确）在大类资产分配上更大的灵活性。

虽然所有类型的投资者都有对产品的需求，但机构投资者在产品的开发和未来发展上往往具有更大的影响力。

有些人会说每一位投资者，无论是机构还是散户，都可以拥有自己的多资产策略产品，即整个投资组合。但一般来说，机构投资者更理解这一概念。

多资产策略产品最大的投资者是资产所有者，如主权财富基金、养老基金、保险公司和捐赠基金。在发达市场中，私人财富管理公司和散户投资者也会接受这类产品。

多资产策略产品的来源多种多样，资产管理公司显然是主要力量。许多资产所有者会聘请投资顾问来管理多资产策略产品。投资顾问通常会制订资产配置计划，然后挑选合适的资产管理人具体实施。虽然在投资过程中，顾问得到的授权有限，但他们为客户管理的资金规模总量是非常巨大的。

在讨论多资产投资策略参与者的角色和必备技能之前，首先需要探究一个资产所有者面临的、可能会模糊管理人和投资者之间身份界限的决定。这个决定就是投资过程是否外包。

多资产策略是投资行业中的"十项全能"项目。它需要投资者具备几乎所有能想到的投资技能，从单一资产类别的证券选择到整体的资产配置。当前市场上的多资产策略产品，绝大多数是由多个团队共同管理的，因为很少能找到具备全部所需技能的个人或团队，尤其是在当前投资高度专业化的环境中。

外包决策取决于一个投资团队是否具备所需的投资技能。除非资产所有者在多资产投资的特定阶段被证实具有专业技能，否则聘用外部管理人似乎是一个自然的解决方案。此外，除非资产所有者在交易和/或管理巨额资金方面具备足够的专业技能，否则也不应该自己进行指数投资，因为市场中的头部供应商拥有巨大的成本优势。

外部管理人更多出现在另类投资这样需要非常专业的知识和技能的特殊投资领域。当一只专注于国内市场的基金寻求"出海"时，聘请外部管理人或采用指数投资也是常见的做法。管理人当然也要适应他们所面临的特定挑战。

韩国政府投资公司将其大约三分之一的公开交易证券投资和所有的另类投资[1]进行外包。瑞典国家养老基金 AP2 则略有不同。AP2 的 Thomas Franzén 表示："一开始，我们在瑞典以外的地区投资时，会选择聘用外部管理人，但是结果并不尽如人意。之后，我们开发了倾斜指数，自己利用量化程序投资海外资产。另类投资是一个例外，我们所有的另类投资都是外包的。"[2]

罗素投资（Russell Investment）原日本股票研究主管 Scott Anderson 分享了其公司挑选外部管理人的过程。Anderson 表示："在用定量方法分析其业绩表现之后，我们尝试去定性地理解他们的投资方法，并判断这些方法是否具有可持续性。我们会特别关注基金业绩不佳的情况，判断是否可以用他们所秉持的投资哲学来解释。"Anderson 相信区分运气和技能非常重要，他补充道，"不随波逐流、发挥稳定，是掌握良好投资技能的表现。"[3]

除了必备的投资技能之外，拥有资源的多寡也是决定是否进行外包的一个重要因素。拥有丰富资源的资产所有者最有可能建立一

---

[1] Cao, Larry. *Managing Multi-Asset Strategies*. Charlottesville, VA: CFA Institute, 2016: 5.
[2] 同上。
[3] 同上。

个内部团队来管理资产,而缺乏相应资源的资产所有者可能会为了节省成本而选择外包。

大多数资产所有者倾向于采用混合模式来管理他们的投资。他们会自己管理一部分资产,然后将剩余的资产交由外部管理人进行打理。因此,在大多数情况下,他们既是投资人,也是管理人。

主权财富基金一直是塑造多资产策略的重要力量。它们是国有投资基金,拥有广泛且通常是全球性的投资授权。很巧的是,主权财富基金与多资产策略几乎在同时引起了市场的关注。考虑到其自身庞大的资源,它们都对能够妥当地将资产进行全球分散化配置,并对能够妥当管理此类产品的人才有着强烈的需求。主权财富基金一般倾向于自己进行资产配置,只有针对一些需要拥有特定技能的管理人才能管理的资产类别,才会选择外部管理人。

捐赠基金在资产所有者中以最早采用多资产策略而闻名,其对该策略的采用甚至远远早于这一术语的诞生。捐赠基金包含的金融资产,一般是捐给像大学这样非营利机构的资产。这些机构一般会使用基金投资的收益,而不是本金。这使得捐赠基金的久期在所有资产中是最长的,而多资产投资策略正好吻合其投资需求。

捐赠基金的长期限特点让它能灵活地投资另类资产,例如私募股权和房地产等。这也是所谓的"耶鲁模式"的一个重要特点。[1]但由于大部分大学的支出都是在本国境内,因此捐赠基金的全球分散化投资需求并没有主权财富基金那么强烈。

全球养老基金近几十年来经历了许多变化,养老基金普遍从固

---

[1] Swensen, David F. *Pioneering Portfolio Management: An Unconventional Approach to Institutional Investment.* New York: Free Press, 2009.

定收益制向固定缴费制转变。对于固定缴费制，养老基金扮演的是行政管理人的角色，但它们往往也会在平台上推出一些基金供客户挑选，内嵌资产配置的多资产基金就是可选项之一。

长期以来，养老基金配置的行业惯例是"60/40"模式（例如，60%的股票和40%的固定收益）。在固定缴费制中，这种经验法则仍然很流行。

保险公司是多资产投资策略的重要参与者。寿险公司的负债久期一般很长，这使得它们可以投资长久期的资产。但监管规定，寿险公司必须配置足够的固定收益资产，以保证流动性来应对不利事件。财产险公司面临的不确定性要更多。因此，总体来看，拥有高比例的固定收益投资是保险公司投资组合的一个重要属性。

一个例外是可变年金计划（Variable Annuity，VA）。可变年金计划就像养老金中的固定缴费制，投保人可以在各种风格的资产配置与基金中自行选择，而保险公司会选择合适的基金经理。

相比主权财富基金和捐赠基金，养老基金和保险公司更有可能聘用投资顾问和外部管理人。除了巴菲特的伯克希尔·哈撒韦公司业绩的特例，保险公司的核心竞争力通常不是投资管理。投资顾问为养老基金和保险公司客户设置资产配置计划，并挑选符合要求的基金。通过这种方式，顶级的投资咨询公司往往对坐拥数千亿美元资产的养老基金和保险公司具有影响力。不过，这往往是一种间接的影响，因为最终基金的选择和进出基金的时机并不完全由投资顾问决定。

相比之下，由于投资人给予基金经理完全的自主权，共同基金是多资产组合真正的管理人。共同基金使用不同的模型来管理多资产组合，其历史可以追溯到平衡型基金的早期。通常，组合中的基金由机构内部团队管理，专注于整个市场中的一部分；而将资产分配到各个基金则是一个独立的自上而下的过程，这个过程可能涉及复杂的量化策略或团队的经验法则等。一般情况下，这些工作是由公司内部不同团队完成的，但在我们了解到的一些案例中，也有完全由一个团队独立负责的。[1]

共同基金、养老金计划和保险公司持有的基金，需要每日按市价估值。这就排除了其投资很多另类资产，如私募股权和创投基金的可能性，这些另类资产投资通常需要持有 5—7 年。

私人财富管理经理进行多资产投资的水平差异很大，这是由他们参与的市场、资产规模以及可投资的产品所决定的。该领域的头部是发达市场中的大型家族办公室，以及顶级金融机构中的私人银行，它们的能力不输于一些机构投资者同行。而在尾部的众多投资者，大部分是来自新兴和前沿市场的散户，他们尚不具备管理投资组合的整体观。如果他们投资组合的风险收益曲线接近最优，那纯粹是巧合。

1.3 多资产投资策略的业绩评估

在讨论区分多资产策略的因素之前，我们首先得解决如何评估多资产策略这一问题。毕竟，如果不就"好"的多资产策略标准达成共识，我们就无法对不同的策略进行比较。

合理的业绩衡量、归因和评估可以提高投资的成功概率。不合理的评估可能会直接带来在投资行业中备受批评的问题。例如，诺

---

1 参见第 7 章。

贝尔经济学奖得主 Myron Scholes 认为，业绩基准和跟踪误差会使投资过程偏离正确的轨道。[1]

比较多资产策略的一个特别棘手问题是：如何将不同股票配置权重的基金分组。当市场表现良好时，影响组合总收益的主要是股票资产配置的权重，而非个股选择。

尽管具体实施上存在挑战，但对投资者而言，现代投资组合理论（Modern Portfolio Theory，MPT）似乎是与多资产策略相关性最高的框架，新加坡政府投资公司和泰国政府养老基金的风险和收益目标都是很好的例证。"最好的"基金是有效组合，"次优"的基金则在下一个平行曲线上，以此类推。

不幸的是，投资者和整个行业更注重收益，而不是风险，因此最终形成了在一定的股票配置范围内比较基金表现的评估体系。这一股票配置范围往往过宽，并且当基金经理相信股票的长期表现将胜出，甚至仅仅是短期表现将胜出时，他们将有动力配置更高比例的股票。这就是多资产基金的业绩排名远比纯股或纯债基金排名更具争议的原因之一。

多资产策略旨在服务长期投资目标。许多底层投资标的管理人也遵循长期投资原则。例如，价值投资策略通常需要一个完整的市场周期才能显现成效。如果投资者对这一类基金经理进行季度评估，其业绩就会产生较大的波动性。要知道，基金经理的收益率可能会在某一季度跌至谷底，投资者的预期将会受挫。更糟糕的是，如果基金经理被迫修改他们的投资流程来保证持续的收益，他们很可能会迷失方向。

---

[1] Cao, *Managing Multi-Asset Strategies*, 2016: 13.

聪明的投资者已经想出了解决这种潜在冲突的方法。简言之，就是将多资产策略的长期表现与通胀进行比较，将其短期波动性与简单的股票加固定收益的参考组合进行比较。这似乎更能激励基金经理，从而解决长期目标与短期评估周期之间的矛盾。

新加坡政府投资公司董事总经理谭超杰认为，衡量主权财富基金的表现应该看 20 年之久。[1]他认为，65%股票、35%债券配置的参考组合更适合作为风险的衡量标准，而不是短期收益的衡量标准。他承认，虽然私募市场中的主动型管理人有更多空间来证实自己的能力，但他们受到的牵制也会更大。

泰国政府养老基金（GPF）副秘书长 Nachcha Protpakorn 表示，GPF 的成功是相对于过去 10 年的居民消费价格指数（CPI）而言的。[2]此外，GPF 还会基于一个全球基准来衡量组合的表现，这个基准每年都会根据情况进行重置。

1.4 多资产投资与其他策略的区别

下面，我们将探讨新生的多资产策略与之前的基金中的基金，以及更早一些的平衡型基金之间的不同。

我认为，与其他多资产产品，特别是基金中的基金和平衡型基金的策略相比，当前领先的多资产策略产品至少在以下两个方面中的一个得到了提升：风险因子配置和动态资产配置。在其他条件相同的情况下，有能力做到上述一点或两点的投资团队都是具备相对

---

[1] Cao, *Managing Multi-Asset Strategies*, 2016: 10.
[2] Ibid.

优势的团队。

从学术和实践的角度，风险因子配置最早可以追溯到 20 世纪 70 年代。Stephen Ross 的套利定价理论（Arbitrage Pricing Theory，APT）[1]是 CAPM 模型的一个主要的理论发展，它成为理解和应用风险因子分析的概念框架[2]。另一个里程碑式的发展是 Fama–French 三因子模型[3]。Eugene Fama 更是以此获得了诺贝尔经济学奖。

因子分析最初应用于投资的尝试得益于学术界的帮助。这一领域的先驱包括著名的量化分析师 Barr Rosenberg。Rosenberg 还创立了 BARRA 公司[4]。该公司不仅为机构投资者提供咨询服务，还开发了一套成熟的分析工具，名为 BARRA（之后被明晟公司收购）。如今，BARRA 已成为风险因子分析的同义词。关于这方面的研究还在不断地深入发展，最新的风险因子模型包含了一套范围十分广泛的风险因子，该套因子涵盖美国股票、固定收益以及几乎所有主要金融市场。

正如 APT 模型所指出的，不存在完美的风险因子模型。除了三因子模型和更广泛的 BARRA 等模型之外，还有其他衡量投资组合风险的方法。例如，Northfield 开发了一个所有因子都是宏观经济变量的模型，该模型为组合风险评估提供了不同的视角。

---

1 Ross, Stephen. The Arbitrage Theory of Capital Asset Pricing. *Journal of Economic Theory*, vol. 13, no. 3, 1976: 341–360.
2 CFA Institute Research Foundation. *A Practitioner's Guide to Factor Models*. Charlottesville, VA: Research Foundation of the Institute of Chartered Financial Analysts, 1994.
3 Fama, Eugene F. and Kenneth R. French. Common Risk Factors in the Returns on Stocks and Bonds. *Journal of Financial Economics*, vol. 33, no. 1, 1993: 3–56.
4 Barry B. Burr and Barr Rosenberg. *Pensions & Investments* (上网时间:2003 年 10 月 27 日): http://www.pionline.com/article/20031027/PRINT/310270759/barr-rosenberg.

近几年来，"因子投资"这一说法在行业内变得相当流行。尽管它包涵了与"风险因子配置"相同或类似的话题，但我更倾向使用后者。我认为业界当前的关注重点已经从早期的风险溢价收益转移至风险本身，这是正确的转变。例如，多资产投资组合的基金经理最喜欢的话题之一是"避免无意识地下注"。这就是将风险因子配置纳入投资过程的最重要的表现方式之一。

与风险因子配置相比，动态资产配置在实践者和研究者中的争议更大。尽管大多数业内人士都很愿意向你解释他们的产品是如何将动态元素融入投资过程中的，但许多基金经理同样也会告诉你，他们其实并不依赖它。一本由基金公司编写的白皮书总结了目前流行的动态资产配置方法，书中提供了一些解释上述争议的线索[1]。对于量化分析师来说，资产配置是比选股更大的挑战。部分原因在于，在资产配置中只有少数因子在起作用，因此在任何一个节点出错的风险都要更高。

尽管在实际应用中充满挑战，但动态资产配置的潜在优势仍然是巨大的。Myron Scholes 在一次于东京举办的由 CFA 日本协会（CFA Society Japan）赞助的活动上表示："我们有一个跨资产类别的分散化模型。我们必须将其与时间序列分散化模型相平衡，因为如果时间分散化失灵，跨资产类别分散化也会失灵。"[2] Scholes 观察到："最大的收益来自于时间分散化"。我同意他的看法，例如，大多数投资者在一生中可以做出的最佳决策，可能就是在 2008 年从美国股市转投美国国债。

---

[1] Tokat, Yesim and Kimberly A. Stockton. A Primer on Tactical Asset Allocation Strategy Evaluation. *Vanguard Investment Counseling & Research*, 2010.

[2] Cao, *Managing Multi-Asset Strategies*, 2016: 13.

第 1 章 多资产投资策略要义

多资产投资策略是一种所有类型的投资技巧都可以得到运用的投资策略，不论是基本面还是量化，是股还是债，是亚洲还是美洲。多资产策略没有一定之规。尽管这听上去要求很高，但也意味着，在任何一个方面具有优势的多资产策略产品都可以比普通产品（指市场组合）带来更好的收益。有些人错误地认为多资产投资策略是一种被动策略——其实这只对那些认为自己没有投资优势的投资团队才成立。当你具备了优势，就应该让这一优势主动发挥作用。主动性可以体现在三个方面：首先是战略资产配置，即选取一个参考组合；其次是动态资产配置，或轮换策略；最后是选股，这也很重要。

拥有管理多资产策略产品所有技能的全能投资者，很可能并不存在（当然 CFA 持证人在所有主要投资领域都必须通过严格的测试，对此任务应该有最充分的准备）。据我所知，目前只有一个投资团队完全不外包任何投资过程。毫无疑问，这是一项非常具有挑战性的任务。同时，我认为这也是多资产投资策略如此引人入胜的原因。整个行业还有很大的成长空间，值得所有专业人士继续努力。最终，服务好客户是最有价值的事情。而现在比以往任何时候都更清晰的是客户需要的是一篮子服务，他们需要结果。而多资产投资策略正是一个融合了所有投资技能的理想方案。

参 考 文 献

Cao, Larry. *Managing Multi-Asset Strategies*. Charlottesville, VA: CFA Institute, 2016.

CFA Institute Research Foundation. *A Practitioner's Guide to Factor Models*. Charlottesville, VA: CFA Institute, 1994.

Fama, Eugene F. and Kenneth R. French. Common Risk Factors in the Returns on Stocks and Bonds. *Journal of Financial Economics*, vol. 33, no.1, 1993: 3–56.

Ross, Stephen. The Arbitrage Theory of Capital Asset Pricing. *Journal of Economic Theory*, vol. 13, no. 3, 1976: 341–360.

Swensen, David F. *Pioneering Portfolio Management: An Unconventional Approach to Institutional Investment*. US: Free Press, 2009.

Tokat, Yesim and Kimberly A. Stockton. A Primer on Tactical Asset Allocation Strategy Evaluation. *Vanguard*, 2010.

第 2 章

风险因子配置

许仲翔,沃飞流

2.1　因子与资产配置

传统的资产配置框架,毫无例外地由资产开始。这一传统是基于便利性的考虑,或许还有一个隐含的假设,即关键资产类别能够很好地匹配重要的风险敞口。现代资产配置和分析框架则以"因子"为基础。[1]虽然两个框架可能带来类似的结果,但是一旦投资者掌握因子的命名体系,基于因子的分析方法更加简单,并带来更自然的资产配置直觉。本章将分析基于因子的分析框架相对于基于资产的分析框架的优势,并引入一组简化的类比,以帮助投资者理解两种不同方法的区别。同时,我们会介绍基于因子的分析框架的四项应用,以说明在基于资产的分析框架下并不明显的投资问题。本章最后是一些注意事项,我们会讨论一些与基于因子组合的配置相关的更细微的问题。不过,本章内容并没有完整地描述运用基于因子的

---

[1] 现代方法从套利定价理论(Ross 1976)文献及后续模型优化的风险因子发展而来,逐渐得出了一些很有意义的经济风险敞口,参见,Chen, Roll and Ross(1986)等。

配置方法。

2.2 大类资产与因子敞口

在基于资产的分析框架（简称"资产框架"）下，资产配置过程需要对各种可投资的大类资产（例如股票、债券、大宗商品、房地产等）分配权重。大类资产由相应的市场指数来抓取，例如，明晟全部国家全球指数（MSCI ACWI）和富时全球指数（FTSE All World Index）经常被用来代表全球股票资产。这些主要的大类资产被划分为多个子类别，例如股票被划分为美国股票、国际股票和新兴市场股票，债券被划分为美国国债、主权债和企业债。在这一框架下，资产是投资工具（实践中是投资产品），它们使投资者"拥有"特定的风险敞口，该敞口通常与投资者想要的宏观经济导向敞口对应。因此，从某种意义上说，"基于资产"的方法实际上是"基于投资产品"的方法。

基于因子的分析框架（简称"因子框架"）是一种更现代的分析框架，它明确区分了投资工具本身和由于拥有一组特定的投资工具而产生的风险收益敞口。在资产框架下，投资者为资产分配的权重，间接决定了投资者的因子敞口；而在因子框架下，投资者首先有意识地对因子敞口分配权重，然后选择一批能产生目标因子敞口的资产。投资者对因子敞口的选择将考虑各个因子间的相互作用及其可能产生的溢价，而选择一组实现目标因子敞口的资产，一般是基于每项可投资产的估值水平。投资者用最具"价格吸引力"的资产来获取想要的因子敞口。[1]

常见的对传统资产框架的批评是：采用这种方法得到的投资组合，虽然看起来具有很好的资产分散性，其风险特征却更像一个股票组合。[2]其原因或至少部分原因是：不同的资产往往对股票类风险具有很强的敏感性。事实上，这一对资产框架的批评，在因子框架下十分容易理解，也便于解决。

经济风险的主要来源包括：来自经济增长的冲击、来自通货膨胀的冲击和来自信用可得性的冲击。大多数资产天然呈现多重风险敞口，例如，企业债就同时面临上述三种风险。当严重的经济衰退导致全球企业盈利能力明显恶化时，将发生：①公司的违约风险随着公司偿还贷款能力的下降而增加，从而压低企业债价格；②银行和投资者不愿意再向风险项目提供贷款，这既抬高了融资成本，又打压了企业债价格；③作为一项应对政策，政府通常会下调基准利率，以助推各类债券价格上涨。碰巧的是，高息股票往往也受到上述三种风险的显著影响，影响方式大体相同。因此，尽管在高息股票组合中加入企业债能使资产类别的分散性有所加强，但并不一定能让投资组合的风险敞口更分散。

回到从分散化出发的对资产框架提出的批评，问题显然出在操作的顺序上。如果把大类资产的配置放在第一步，例如决定投资企

---

[1] 请注意通过分解风险和估值的决策，人们可能首先认真思考自己为获取收益愿意承担的风险，然后仔细审视风险的分散化程度。之后，那些相信资产相对于有关的风险敞口被错误定价的投资者，会通过选择更便宜的资产获得期望的风险敞口，从而寻求资产配置的 alpha。

[2] 传统的养老金组合，运用 60%的股票、40%的债券的架构，组合总方差的 90%是由股票类风险驱动的。对资产配置方法中常见的风险集中问题，参见 Bhansali, Davis, Rennison, Hsu and Li (2012)。

业债和高息股票，那么就无法确保选择的资产集合一定会带来一组分散化的因子敞口。事实上，鉴于之前的讨论，更大概率是根本无法分散因子敞口。但如果采用因子框架，第一步就能简单选择分散化的因子敞口，之后就只剩下选择特定的资产集合以有效地实现期望的因子敞口。

2.3　养分之于食物，因子之于资产

当然，我们认识到，因子框架及相关技术术语，比如"因子溢价"和"因子负载"，对许多投资者来说可能非常抽象。用一个食物与养分的类比，或许能帮助大家更好地理解。[1]将投资组合看做一顿饭，资产就是具体的食物，因子就是养分。每个人需要根据自身的不同情况摄入多种养分。养分蕴藏在各种各样的食物（如乳制品、谷物、肉类）中，因此人们必须将不同的食物组合起来，才能创造一顿可以为他们提供所需营养的饭菜。不过，不同的套餐可能会提供相似的营养。因此，决定人们选择食品偏好的，往往是个人的口味和食物的价格。

在资产配置的语境中，我们注意到单个资产类别包含不同的因子敞口。一个理想的经济因子敞口组合，可以通过各种大类资产构成的不同组合来实现。资产的价格、成本和投资管理将最终决定优选组合。所以，正如精明的家庭主妇知道鸡胸肉比肋眼牛排能够更有效地提供蛋白质，而牛排不仅价格昂贵，而且含有更多能堵塞动

---

[1] 养分、食物的类比，并非我们原创。此前美国芝加哥大学的 John Cochrane 教授和美国哥伦比亚大学的 Andrew Ang 教授已经使用过这样的类比。

脉的饱和脂肪；老练的投资者认识到，最重要的技能是以"价格具有吸引力的"大类资产来构建一个投资组合，带来期望的经济因子敞口，同时避免不必要的风险。

与食物的类比也同样可以帮助我们理解战术资产配置（Tactical Asset Allocation，TAA）。当食品价格发生变化时，我们可以通过选择不同的食物组合，以更低的成本获取同样的营养。如果肋眼牛排以半价出售，用牛排代替鸡胸肉可能是一种更有效的蛋白质摄入方法，低价的代价仅仅是在晚餐时摄入一点脂肪。在基于因子配置的语境中，战术资产配置可以理解为投资组合战术性的再平衡过程：远离那些"昂贵"的资产，选择目前"失宠"但可以提供相同内在经济因子敞口的"更便宜"的资产。

2.4 因子框架的应用

在本节中我们将介绍因子框架的四种应用，并说明通过传统资产配置方法无法获得的几个投资洞见。

（1）应用一：重新考虑"再平衡和战略投资组合权重"

在资产框架下，股票（以 S&P 500 指数为代表）和债券（以 BarCap Agg 指数为代表）被视为基础投资组合的构成模块。[1]美

---

[1] BarCap Agg 指数，即巴克莱资本综合债券指数，是最常使用的债券指数之一。它涵盖了几乎所有的美国投资级债券，包括国债、机构债、抵押债和公司债；权重以债券发行的市值为基础。该指数通常由美国国债主导，这是由美国国债相对于其他债券发行量的大小决定的。

国的投资者通常会进行大量与这两个基准挂钩的静态的战略资产配置，传统的"标准"是60%的股票、40%的债券的战略资产配置。

然而，认为像S&P 500或BarCap Agg这样的资产拥有静态的风险敞口，是非常危险的。1995年，科技股占S&P 500指数的9.4%。S&P 500指数的市盈率为17.4倍，股息收益率为2.2%。2000年，科技股占S&P 500指数的21.2%，推动指数波动率从历史平均水平的15%上升至24%，市盈率至24.4倍，股息收益率为1.2%。同样，2000年BarCap Agg指数的久期为4.5年，收益率为6.4%。2015年第二季度，BarCap Agg指数的久期上升至5年，收益率只有糟糕的1.6%。很显然，在这段时间里严格遵循60/40的配置比例，必然会造就一个内在风险敞口大幅波动的组合！

再用食物来类比，把BarCap Agg指数比作汉堡、S&P 500指数比作果汁。由于美国人偏好更大的牛肉饼，快餐店纷纷开始在汉堡中加入双层肉饼，经常还会加入培根。今天汉堡的蛋白质含量，明显高于以前的水平（20年前一个汉堡的平均热量为333卡路里，而现在是590卡路里）。现在的汉堡提供了与10年前完全不同的营养。同样的，今天的果汁比真正的果汁含有更多的果糖和化学添加剂（维生素添加剂和人工调味剂）。因此，认为一直食用汉堡和果汁，就能获取持续一致的营养，是不明智的。今天的一顿晚饭会摄入更多的蛋白质和脂肪，就好比投资者在投资BarCap Agg指数时将承担更大的久期风险（利率敏感风险）。同样的，今天的果汁中含有更多的化学添加剂，真正的水果含量更少，这就像比照以往，今天的S&P 500指数中科技股占比更大，能源股占比更小。鉴于BarCap

Agg 指数的久期风险显著增加，更不用说其较低的收益率，继续坚持 40%的投资级债券的战略风险敞口是否明智？如果不仔细研究底层因子敞口的变化，人们可能不会注意这些年以来即使资产配置的比例基本相同，投资组合已经发生了很大的变化。

（2）应用二：解读对冲基金业绩

在资产框架内，对冲基金业绩特别难以检验。许多对冲基金会交易比较独特的、缺乏流动性的资产。那些持有常规证券的对冲基金，则往往运用复杂的杠杆和卖空策略。上述复杂性有时会导致投资者将对冲基金视作一个单独的资产类别。对此，怀疑者驳斥，对冲基金类资产唯一的共同特点是不透明和高费用。

因子框架可以在很大程度上解决这种黑箱操作带来的复杂性问题，并为对冲基金策略提供有用的观点。事实证明，许多对冲基金策略可以用更具流动性、更传统的资产来模仿，因为许多对冲基金，尽管有比较独特的持仓和策略，实际上（可能是无意地）最终提供的都是相当普通的因子敞口。此外，对于一般基金来说，往往很少有证据说明，通过持有奇异的资产或使用复杂的交易策略来获取标准因子敞口，会带来更高的收益。[1]说句公道话，一些对冲基金确实提供了传统资产或策略中所没有的奇异收益敞口，例如，在极端的经济冲击下，通过出售期权获取敞口并获利，就是一种投资的创新。

---

[1] 参见 Fung and Hsieh (1997a, 1997b, 2004); Agarwal and Naik (2000); Ennis and Sebastian (2003); Hasanhodzic and Lo (2007)。关于对冲基金业绩更全面的文献综述，参见 Eling (2008)。

按照我们前述的类比，对冲基金提供者宣称他们的产品以 alpha 的形式提供了高级养分，以奇异 beta 的形式提供了稀有养分。难以获得的营养物质和高级的草药必然是很昂贵的。然而，通过因子分析，对许多对冲基金的复制研究表明，普通对冲基金提供的营养很容易在标准资产中被找到；只有一小部分对冲基金真正提供了很难获得的奇异 beta，而能提供专有 alpha 的就更少了。在这种情况下，大多数对冲基金更像愚蠢的保健食品，比如燕窝和鱼翅，虽然它们每磅售价数百至数千美元，并宣称具有抗衰老和抗癌功效，但实际上只含有普通的维生素和蛋白质。即使是那些确实提供了奇异 beta 或真 alpha 的对冲基金，2%的基础管理费加上 20%的业绩提成是如此昂贵，使其扣除成本后的投资收益并不比笨拙的指数组合更有吸引力。因此，尽管很有可能百年雪山人参对身体的功效是任何现代药物都不能比拟的，但如果以每 100 克数千美元的价格来销售，其也会失去吸引力。还不如简单地多运动、少在压力下工作，更加有益健康。

（3）应用三：风险平价

风险平价是一种资产配置组合的新方法，旨在提供一个风险敞口分散化的投资组合。具体来说，这一方法试图克服传统的"60 股票/40 债券"组合对股票的严重依赖。正如之前提到的，常见的对 60/40 配置的批评在于，组合 90%的风险源于股票的波动，这会导致资产配置比例与实际的风险配置比例不符。

风险平价配置试图利用资产的反向波动性配置大类资产（例如波动性较小的大类资产获得更多权重），从而解决单纯以资产为基础的配置方法存在的股票风险集中问题。由此产生的组合中来自不同类别资产的风险贡献会分散得多。例如，一个用风险平价方法确定权重的股债组合，可能会配置 30%的股票、70%的债券。相比传统的 60/40 组合，这个 30/70 的风险平价股债组合确实拥有更高的夏普比率和更分散的风险敞口。

然而进一步挖掘，我们发现风险平价配置方法常常出现在资产领域。这意味着平价会存在于资产对整体投资组合波动的贡献中，但很可能不存在于底层经济风险敞口中。目前，广受欢迎的标准的风险平价解决方案是基于对"不同"资产类别的波动率权重配置。与单纯依赖 60/40 配置一样，单纯基于资产框架的风险平价也不是最理想的，因为各种资产类别虽然常常看起来截然不同，但实际上却拥有相似的风险。[1] 一个由股票、大宗商品、高息贷款、房地产和债券构成的投资风险平价组合，看上去做到了分散化，而实际上就像一个牛肉、猪肉、羊肉和鸡肉的混合拼盘，配上了一大份沙拉。虽然营养物质的来源分散化了，但内在的营养物质种类却并非如此。股票、大宗商品、信贷和房地产都是顺周期资产，对全球经济增长颇为敏感。尽管使用风险平价谨慎构建组合，可以实现这四种资产波动率贡献的均衡，但由此得到的组合，仍会一边倒地暴露在增长风险因子中。长期来看，这种风险平价组合并不比简单的"60 股票/40 债券"组合具备更强的分散性。两种组合都主要受全球增长风险因子的影响，对其他重要因子的敞口很小。因此，相比应用于资产领域，风险平价方法更适合应用于因子领域，这也更符合该方法的初衷。

---

[1] 参见 Chaves, Hsu, Li and Shakernia (2012); Bhansali et al. (2012)。

（4）应用四：环境、社会和公司治理

环境、社会和公司治理（Environmental, Social and Governance，ESG）投资的一个核心问题是 ESG 的筛选与覆盖是否会伤害投资组合收益。从大类资产的角度来看，很难回答这个问题。通过改变组合中的国家和板块配置，ESG 可以轻易地调整资产构成，这些偏差通常是显著的。从传统资产配置的角度来看，国家和板块权重的巨大变化似乎会对组合的风险和收益造成深远影响，尽管影响的程度甚至连方向都仍不清晰。例如，从低配饮料（酒精）行业退出会对收益和组合分散性的长期表现产生重大负面影响吗？想要回答这一问题，就必须有一个能揭示饮料行业相对于其他行业长期收益表现的"水晶球"。

主动投资组合经理认为来自 ESG 的限制必然会降低组合的收益，因为 ESG 限制了投资经理的机会，从而妨碍他们获取 alpha。尽管这可能是真的，但 ESG 对 alpha 的影响可能是排在第二位或第三位的。这些影响在因子框架下会更清晰。根据因子框架，组合收益部分由因子敞口驱动，部分由与主动管理相关的真正 alpha 驱动。这个框架让我们可以通过实证分析很简单地检验投资经理的 alpha 贡献。过去 30 年的数据表明，全球范围内，扣除费用之后，真正 alpha 的比例基本上为 0 或负数。因此，目前尚不清楚限制一般的投资经理充分表达其投资观点，是否会导致业绩下降。

如果 ESG 能产生有意义的影响，那必然来自于它对底层配置各因子敞口的影响。那些在 ESG 上得分很差的行业（例如博彩、酒精和军工），是否具有相比其他行业明显不同的因子敞口？基于因

子框架的实证分析,能比传统的资产框架方法更容易且更可靠地解决这一问题。请注意,资产框架方法很可能需要比较在 ESG 上得分差的行业与其他行业的历史收益数据。遗憾的是,受限于统计能力,这种方法几乎提供不了什么有用的信息。

事实证明,与能够真正影响组合收益的因子相比,国家与行业的选择范围更大。相应的,因子框架的启示是:即使 ESG 的筛选改变了组合的国家和行业构成,也不必改变组合的因子敞口。例如,一个新的 ESG 组合要求降低酒类权重时,可以同时高配其他的周期性消费品,从而总体上保持组合的因子敞口和期望的长期风险收益概况不变。简单来说,如果一个人决定成为一个素食主义者并不再吃肉,他只需用植物蛋白质代替动物蛋白质就可以了。虽然食物看起来可能很不一样,但其中所含的营养成分基本相同。

2.5 注意事项

(1) 了解不同类型的因子敞口

遗憾的是,因子术语的使用,经常并不准确,有时甚至完全是错误的。因此重新回顾那些容易混淆和误解,经常被忽视的细微差别,是十分有必要的。因子敞口主要有以下三种类型[1]:

① 与经济风险敞口看似无关,却产生超额收益的因子敞口;
② 与宏观风险相关,从而产生超额收益的因子敞口;
③ 与风险来源看似相关,但并没有产生超额收益的因子敞口。

---

[1] 关于这一话题的详细内容,请参阅 Pukthuanthong and Roll(2014)。

应当清楚地看到，人们都渴望投资没有经济风险敞口又能提供收益溢价的组合。一般来说，提供这种看似异常的收益溢价的因子被称为"行为"因子。许多金融经济学家认为，价值因子和动量因子都是行为因子，因为它们似乎与全球经济增长、流动性、通胀和地缘政治这样的宏观经济风险敞口无关。当然，人们不应该天真地将这些行为因子敞口看做"免费午餐"。与这些敞口相关的异常溢价能持续存在，正是因为持有这些风险敞口让人心理上不舒服，即便这样做并不会对投资者的财富造成长期实质性的影响。心理学文献告诉我们，想象的伤害与实际伤害带来的负面心理没有什么区别。因此，投资价值策略（或称反向投资）好比一个孩子吃苦瓜，虽然长期来看会带来更好的组合收益，但短期内所造成的心理创伤可能会很大，从而使之不值得尝试。

与经济风险相关的因子敞口是最容易理解的，与敞口相关的收益溢价是对承担风险的补偿。如前所述，这些敞口是一个健康身体所需的蛋白质、碳水化合物、脂肪和维生素。

还有一些因子敞口与其他风险来源相关，但没有提供值得一提的可观溢价。显然，这些敞口在组合中不起好作用，并且常常对应着重大的非系统性风险，例如个别的公司困境或行业风险。这些就好比是没有太多营养成分的食物，即所谓的空热量。因为含有营养的食物已经为人体提供了充足的热量，所以再吃含空热量的食物，例如甜点和含糖零食，是不明智的。它们耗费金钱，给身体带来消化的负担，却不提供可观的益处。

（2）价格在因子框架中的角色

用食品作类比的美妙之处在于，它展示了因子框架帮助投资者实现更好配置的力量,也揭示了把目光局限于资产类别、忽视因子投资的危险。因子框架告诉我们,无论是投资美国、日本还是中国的股票,我们都暴露在全球增长因子的敞口下,并获得与该敞口相关的风险溢价。这就好比我们认识到,无论是吃牛排、鸭胸还是三文鱼,看似截然不同的食物,我们摄入的都是蛋白质。虽然这些食物的口味可能有很大的不同,如果我们不承认这些食物的营养非常接近、并不会因混在一起就创造出均衡的饮食,我们将是在自欺欺人,因为这些食物的组合缺乏像纤维、碳水化合物和维生素这样的物质。因子框架有助于我们更科学地理解组合的分散性,而从资产角度看,这种分散性并不明显。

值得注意的是,推崇基于因子框架进行组合配置的人们,常常会忽略关于"价格"的一种有用直觉。很多因子框架的支持者恰好也是市场效率的坚定信徒。因此,伴随因子视角的,往往是对估值没有感觉:没有什么东西昂贵,也没有什么东西便宜。在这种世界观下,没有相应风险却提供收益的行为因子是不存在的;两个组合,由不同资产集合构成,估值(绝对或相对估值)迥异却拥有相同的因子敞口,二者的长期风险收益曲线一定是相同的,这里,因子敞口用组合收益对不同风险因子的敏感性来衡量。从这一特定说明可以看出,在基于因子框架的组合配置中,价格显然没有扮演任何角色。

实际上,我们认为,认定因子负载是与投资者决策唯一有关的重要信息,或是不考虑交易价格、无差别地对待具有近似因子敞口的组合,都是危险的。不同的资产组合可以产生相似的因子敞口,就像各种各样的食物可以组合出营养接近的不同套餐。尽管厨师可能非常关心饭食中的营养物质,但其很可能同样关心原材料的成本。如果超市中的三文鱼正在打折出售，厨师可能会以三文鱼为材料准备餐食。需要澄清的是，我们不提倡投资者仅仅因为在某一估值方法下便宜，就更偏爱一个因子敞口。蛋白质要比碳水化合物更昂贵，但人们不能单单依据价格，就用碳水化合物代替蛋白质。我们的观点是基于相似的蛋白质在不同时点、不同地点会以截然不同的价格出售——鸡胸可能比猪肉便宜；日本和牛比美国谷物喂养的牛肉贵了一大截——此时价格信息自然成为影响人们餐食选择的因素。

值得注意的是投资者是在资产库里交易，经常会有一打不同的资产组合提供相同的因子敞口。成功的投资者将以最低价购入他想要的因子敞口。假设投资者能够通过买入新兴市场股票或美国市场股票来获取全球经济增长敞口，如果新兴市场股票经周期调整后的市盈率约为 12 倍，美国股票市盈率约为 25 倍，我们是买入新兴市场股票还是美国股票呢？

（3）避免在因子框架上走得太远

最后，我们要警惕正在出现的"纯"因子组合的趋势。回到食品与营养类比的例子，用维生素和营养补充剂的化学混合物代替传统的家庭烹饪食物，是否明智？答案显然是"否"。同样，基于复杂量化模型的多/空组合构建的因子组合，与传统只做多主流大类资产的组合相比，一定能成为更有效、更全面的长期收益的驱动吗？作为研究人员，我们亲眼观察到我们实际知道的是多么少——多少我们自以为知道的，在学到了更多后却发现是错的。我们普遍担心过度优化和机械化的解决方案会带来极端化和过于绝对的问题。由金融工程带来的确定性会让人骄傲自大，而这种自大也许会让我们高估自己的学识——无论是关于营养健康，还是关于经济学。

务实地说，大型养老基金的董事会和家族办公室创始人不太可能熟悉因子框架及其术语。因此，专业且高效的组合配置者必须经常用资产框架的语言进行沟通。我们的愿望是帮助客户提供平衡的饮食，以合适的份量摄入所有重要的营养物质，但如果我们能够就客户熟悉的食材，诸如牛排、鱼、意大利面、沙拉、炒蔬菜和米饭等提供一套饮食指引，我们将会更成功。

2.6 小结

当投资者基于资产框架分析投资选择时，大量不同但相关的资产会使分析变得极其复杂，缺乏经验的的投资者很可能将组合资产的分散性误认为是风险的充分分散。此外，由于资产的标准理念时常把风险和估值绑在一起，如果我们把两部分拆开并按顺序处理，分析将会变得更容易。我们已经证明，基于因子的资产配置方法能让我们将两者分开，引出更直观、更合理的组合解决方案。尽管术语偏专业，框架也看似抽象，因子框架还是能给投资者带来更多帮助，特别是在一个投资选择和策略的复杂度呈指数增长的世界中。

参 考 文 献

Agarwal, Vikas and Narayan Y. Naik. Multi-Period Performance Persistence Analysis of Hedge Funds. *Journal of Financial and Quantitative Analysis*, vol. 35, no. 3, 2000: 327–342.

Bhansali, Vineer, Josh Davis, Graham Rennison, Jason Hsu and Feifei Li. The Risk in Risk Parity: A Factor-Based Analysis of Asset-Based Risk Parity. *Journal of Investing*, vol. 21, no. 3, 2012: 102–110.

Chaves, Denis, Jason Hsu, Feifei Li and Omid Shakernia. Efficient Algorithms for Computing Risk Parity Portfolio Weights. *Journal of Investing*, vol. 21, no. 3, 2012: 150–163.

Chen, Nai-Fu, Richard Roll and Stephen Ross. Economic Forces and the Stock Market. *Journal of Business*, vol. 59, no. 3, 1986: 383–403.

Eling, Martin. Does Hedge Fund Performance Persist? Overview and New Empirical Evidence. Working Paper 37, University of St. Gallen Law & Economics Series, 2008.

Ennis, Richard M. and Michael D. Sebastian. A Critical Look at the Case for Hedge Funds. *Journal of Portfolio Management*, vol. 29, no. 4, 2003: 103–112.

Fung, William and David A. Hsieh. Empirical Characteristics of Dynamic Trading Strategies: The Case of Hedge Funds. *Review of Financial Studies*, vol. 10, no. 2, 1997a: 275–302.

Fung, William and David A. Hsieh. Survivorship Bias and Investment Style in the Returns of CTAs. *Journal of Portfolio Management*, vol. 24, no. 1, 1997b: 30–41.

Fung, William and David A. Hsieh. Hedge Fund Benchmarks: A Risk-Based Approach. *Financial Analysts Journal*, vol. 60, no. 5, 2004: 65–80.

Hasanhodzic, Jasmina and Andrew W. Lo. Can Hedge-Fund Returns Be Replicated?: *Journal of Investment Management*, vol. 5, no. 2, 2007: 5–45.

Pukthuanthong, Kuntara and Richard Roll. A Protocol for Factor Identification. Working paper, 2014.

Ross, Stephen. The Arbitrage Theory of Capital Asset Pricing. *Journal of Economic Theory*, vol. 13, no. 3, 1976: 341–360.

第 3 章

动态资产配置

Brian Singer, CFA

在那巨大黑暗世界的深处,
(Out into the deep of the great dark world)
远离泡沫轻漂的漫长海岸线,
(Beyond the long borders where foam and drift)
那里细小的海浪都不见踪影,
(Of the sundering wave are lost and gone)
只有潮水升起落下又破碎。
(On the tides that plunge and rear and crumble)
——Carl Sandburg,"海岸"(From the Shore)

在水面下,鱼儿以统一步调成群畅游。水面上,潮汐、波浪,特别是涟漪,会影响甚至扭曲从陆地上看到的水下环境。同一个系统,从不同的角度看,结果大不相同。同样的,投资专业人士也可能是自上而下或自下而上地审视全球资本市场。自上而下的投资者希望能驾驭宏观经济的潮流,在波浪间驰骋,却很容易忽视涟漪的影响。相反,自下而上的分析师则努力从对一家公司的特点和前景中获益。随着时间的推移,自上而下和自下而上两种方式的区别逐渐模糊。投资者逐渐认识到,许多表面之下的的异动是由表面的潮起潮落造成的。资产配置,无论形式如何变换,就是一种透过表面细节挖掘深层次真相的准则。

3.1 资产配置策略的主要类别

多年来,学者们对收益以及收益差异有多少比例应归功于资产配置有很多争论。Gary Brinson 和 Nimrod Fachler 在其开创性的论文中,提出了"衡量投资组合业绩的分析框架"。[1] 之后 Brinson 和其他研究者利用这一框架发现投资政策基准可以解释 90%的季度收益差异。[2]

随后,Roger Ibbotson 和 Paul Kaplan 从多个角度探索了绩效归因,得到了更加深入的洞见。[3] 他们得出结论:第一,同一只基金不同时期的收益差异的 90%左右可由投资政策解释;第二,不同基金同一时期的收益差异的 40%左右可由投资政策解释;第三,基金收

---

[1] Brinson, Gary P. and Nimrod Fachler. Measuring Non-U.S. Equity Portfolio Performance. *Journal of Portfolio Management,* vol. 11, no. 3, 1985: 73–76.

[2] Brinson, Gary P., L. Randolph Hood and Gilbert L. BeeBower. Determinants of Portfolio Performance. *Financial Analysts Journal,* vol. 42, no. 4, 1986: 39–44.
Brinson, Gary P., Brian D. Singer and Gilbert L. Beebower. Determinants of Portfolio Performance II: An Update. *Financial Analysts Journal,* vol. 47, no. 3, 1991: 40–48.

[3] Ibbotson, Roger G. and Paul D. Kaplan. Does Asset Allocation Policy Explain 40, 90, or 100 Percent of Performance? *Financial Analysts Journal,* vol. 56, no. 1, 2000: 26–33.

益水平的 100%基本上可以由投资政策收益水平解释。第一个结论与 Brinson 和其他人的研究不谋而合。第二个结论是通过对更多的基金数据及基金表现差异的分析而得到的。最后一个结论则是在研究大量基金且以毛收益率计算时得到的恒真命题。

尽管这些研究证实了资本市场的特点，但相对有限的资源和原始的投资工具往往会直接影响资产配置的过程。早期的 Brinson 和近期的 Ibbotson 研究的结论是从属于政策资产配置（Policy Asset Allocations，PAA）的。考虑到政策资产配置影响 90%的跨期收益差异、40%的不同基金收益差异，资产所有者期望通过建立政策资产配置来实现长期投资目标是合理的。这些政策资产配置是基于政策包含的所有大类资产的均衡预期收益和风险来设定的。均衡预期收益由真实无风险收益、适用于所有大类资产的通胀溢价及特定资产类别的风险溢价构成。风险溢价来自均衡协方差矩阵中无法通过分散消除的风险。因此，均衡协方差矩阵主要起两个作用：确定所有大类资产的风险溢价及有效政策资产配置所需承担的风险。

一个典型的政策资产配置包括传统大类资产，如全球股票和债券；非传统资产，如私募股权、房地产、木材和基础设施；以及策略，如市场策略、板块策略、新兴市场策略、投资级策略、高收益通胀挂钩策略。

相比政策资产配置，许多资产所有者喜欢使用战略资产配置，后者灵活性更大。战略资产配置会在较长一段时间内偏离原有的政策资产配置，但不会超过政策总期限。有时候，每隔一年或几年，资产所有者就会对政策资产配置进行战略性调整，以抓住资本市场的机会。后续的投资策略会参照战略资产配置设定，和原先参照政策资产配置一样。通常战略资产配置偏离政策的幅度较小，组合仍会遵循原有政策组合的特定目标和约束。

20 世纪 50 年代初，Harry Markowitz 和 Bill Sharpe 的研究，为基金投资的分散化提供了理论依据。他们的现代投资组合理论不仅为政策资产配置提供了指引，而且推动了早期投资工具的发展。动态资产配置（Dynamic Asset Allocation，DAA）和战术资产配置（Tactical Asset Allocation，TAA）的出现为这些发展指明了方向。动态资产配置的实际应用比战术资产配置历史更久。

动态资产配置建立在内在（或基本面）价值这一概念之上。这一概念是 Benjamin Graham 在 20 世纪初首先提出的。Graham 和他的合著者 David Dodd 在 *Security Analysis* 一书中指出，分析师的关注点是"证券的内在价值，尤其是发现内在价值与市场价格之间的差异[1]"。此外，他们描述了投机因素会通过干预人们的情绪和决定影响价格。[2]

按照今天的说法，内在价值指的是证券未来预期现金流的折现价值，折现利率反映了无法分散的风险。无论是单一证券还是包含了多只证券的指数，长期内在价值都可以通过这种方式计算。在 Gary Brinson 看来，动态资产配置[3]"意味着暂时偏离正常的政策组合。它基于以下这种判断：与设定政策组合时呈现的投资特征相比，

---

1 Graham, Benjamin and David L. Dodd, *Security Analysis: Principles and Technique*, 6th ed. New York: McGraw-Hill, 2009: 64.

2 Graham and Dodd, *Security Analysis*, 2009: 70.

3 Brinson 认为"资产配置"就是"动态资产配置"。

一种或多种资产类别正处于非均衡态。[1]"

动态资产配置是一种基本面驱动的中期投资策略,利用了内在价值和市场价格之间的差异。内在价值对资产和指数的价格施加了"引力",推动价格走向均衡。一个指数的价格短期将在内在价值附近不停波动,但总会被拉回其内在价值。如图3.1所示。

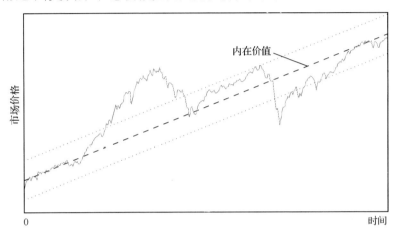

图 3.1 围绕内在价值的价格波动

资料来源:William Blair。

如果资产价格能够快速收敛到内在价值,那么动态资产配置者的工作将会相对容易。然而,投资者必须直面现实。由于价格的回归不会在一夜间发生,投资者必须经受住浪潮的冲撞,甚至是颠覆性的冲击。指数价格偏离内在价值的半衰期约为4年,大体上的回归期会长达8到10年。[2]

---

[1] Brinson, Gary P. Asset Allocation vs. Market Timing. *Investment Management Review*,1988.
[2] 半衰期是消减一半价格差异所用的时间。

Brinson 为了区分战术资产配置与市场择时，将后者描述为"基于对未来价格变化预测的资产组合的调整[1]"。放在短期限来看，市场择时参考了全球战术资产配置（Galobal Tactical Asset Allocation, GTAA）及它在本土的姐妹 TAA。价格变动预测通常是针对较短期限的，通过对历史价格或潜在的宏观经济和地缘政治发展，以及市盈率、市场行为或大众心理等因素的分析来判断。无论使用对价格走势、价格动能的技术分析，还是自上而下的基本面分析，都是为了预测未来市场价格的走向和幅度。

在看来，投机是对市场心理的预测。从这个角度来看，GTAA 和 TAA 在很大程度上并非对整个投资期限的可能收益进行的长期预测，而是比大众稍快的对传统估值基础变化的原则。他们关心的不是一项投资对一个买入并持有投资者的实际价值，而是在大众心理的影响下，三个月到一年内的市场估值水平。此外，这种行为不能带有趋势性的错误。例如，如果你认为一项投资的预期收益对应价值为 30 元，并且市场在三个月内对其估价为 20 元，那么你以 25 元的价格买入就是不明智的。[2]

所指的"投机"为资本市场提供了流动性，促进了持续的价格发现，从而使稀缺的资本流向具有吸引力的投资机会。各种各样具有不同投资周期、目标和约束的买方和卖方决定了价格随时间的不断演进。在市场的一端，短线投资者，如做市商或高频交易者，根据最新消息进行持续交易。另一端，当价格偏离未来现金流折现价值时，长线投资者会偶尔进行交易。这两者之间，日内交易员、量化投资人、全权委托投资人以及其他投资者汇聚在市场中，追寻自

---

1 Brinson, Asset Allocation vs. Market Timing, 1998.
2 Keynes, John M. *The General Theory of Employment, Interest and Money.* New York: Harcourt Brace Jovanovich, 1964: 154–155.

己独特的目标。就这样，价格使资本的实时供给和需求达到平衡。每个市场参与者的行动源自各自独立知晓并具有特殊价值的信息。这种混乱的、连续的短期行为，让价格缓慢但坚定地围绕着长期内在价值波动。如果价格与内在价值偏离太大，长期投资者就会利用其信息和知识介入其中。这些信息和知识对长期投资者弥足珍贵，却可能与短期投资者毫不相关。

2000 年后，随着可见的不确定性的不断增加，在投资过程中忽视大众心理的影响力显然是不可取的。

3.2 系统性风险配置

资产配置只是一个不断成长的、自上而下的体系的一部分，这个体系不仅越来越细化，也在不断融合其他系统性的投资过程。自上而下的投资者在有补偿的系统风险间配置基金。从历史上看，这些系统性风险是由具有类似特征的资产（如固定或可变现金流）和机构（如国内或国际分析师）来代表的。自上而下的投资需要通过改变资产类别或"传统 beta"的配置来在这些系统性风险库中切换。为了寻求竞争优势，自上而下的投资者在市场、板块、信用和货币方面追求更大的风险颗粒度。但能做的也只有这么多了。现在，竞争力较强的投资者正在丢弃这些静态分组，转而去发现额外可利用、能获得系统性补偿的行为和风险。他们的分析工作已经超越了单一期限现代投资组合理论（MPT）框架，他们不仅对长期价值趋势进行了研究，也对短期与中期的投资者行为和风险因子波动做出了分析。

有多少资本市场收益的差异是由系统性因子引起的？如果系统性因子的影响为 0，只存在市场风险，那么自上而下的投资者将一无所获。如果影响巨大，那么自上而下的寻找系统性风险因子将是非常有价值的。

Staub 和 Singer 假设资本市场的收益是由多重系统性风险（多重 beta）决定的。他们认为，系统性或宏观决策对于投资组合收益的贡献，双倍于特定个券的选择。根据资本市场的典型特征，三分之二的投资组合收益差异归因于资产配置（系统性风险），三分之一归因于证券选择，与投资组合如何构建无关。[1] 这一结论是基于对 20 个国家的股票市场和 20 个国家的债券市场的分析而得出的，其中每个市场包含 100 只证券。如果所有证券都是完全相关的，那么唯一实用的决策将是资产/现金的分配。在证券之间部分相关这一更符合实际的假设下，35% 的收益差异源自证券选择，65% 是系统风险的结果：

① 同一国家市场中股票的相关系数为 0.50；
② 同一国家市场中债券的相关系数为 0.80；
③ 不同国家市场的股票相关系数为 0.40；
④ 不同国家市场的债券相关系数为 0.60；
⑤ 同一国家市场的股票和债券的相关系数为 0.30；
⑥ 不同国家市场的股票和债券的相关系数为 0.20。

长期以来，资产管理被分为两类："传统"或"另类"。系统性风险以前属于对冲基金领域，其运用催生了一种全新的资产管理工

---

[1] Staub, Renato and Brian D. Singer. Asset Allocation vs. Security Selection: Their Relative Importance. *CFA Institute Investment Performance Measurement Feature Articles*, vol. 2011, no. 1, 2011: 7.

具——"流动性另类投资"。

传统的投资组合建立在战略性政策配置或是市值加权的基准之上。这种只做多的投资组合的大部分业绩表现源于广泛的市场敞口，因为它们是相对于基准进行管理的，并且限制了证券和大类资产权重差异对业绩的贡献。

另类投资组合放松了传统的限制，并试图偏离那些便宜且易于获得的市场风险，以创造不相关的投资收益流。

然而，在此之后投资者意识到，许多另类投资所抓住的系统性机会，完全可以用更低的成本和更可观的流动性加以复制。这些"流动性另类投资"跨越了传统和另类的鸿沟，利用了各自的优点：传统投资组合的高流动性和低费率，以及另类投资组合的灵活性。

流动性另类投资出现较晚，标准术语尚未完全成形，因此诸如"流动性另类投资""smart beta"和"另类 beta"的提法均有使用。我们将在下文中通过一整套能描述和解释多种投资管理方法的分类体系，使这个新兴的投资管理范式变得更加清晰明了。其他分类体系可能更加精细，而我们的分类方法捕捉了行业现状，能够最好地支持全新且仍在不断发展的流动性另类投资方法。

3.3 投资分类体系和流动性另类投资

如图 3.2 所示，投资主要分为流动性投资与非流动性投资。流动性投资又被分为传统投资和另类投资。当然，非流动性投资也可以这样进行分类，但这里只讨论流动性投资部分。传统的流动性投资由只做多的投资组合构成，它们是相对于特定的市值基准、战略

多资产投资策略

资产配置或政策资产配置的主动或被动管理组合。

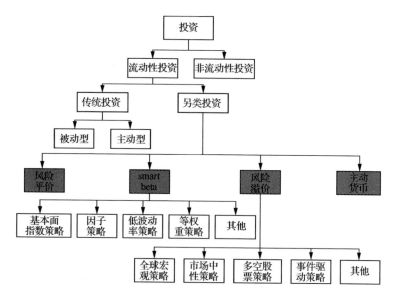

图 3.2 投资分类体系和流动性另类投资

资料来源：William Blair

流动性另类投资方法（通常被称为"流动性另类投资"）抓住底层的系统性风险因子，以前这些因子很多只被对冲基金所采用。在某些特定情况下，流动性另类投资是专门为复制一个或多个对冲基金类别而设计的。因此，采用这种策略会将流动性风险因子分散化引入组合中。

流动性另类投资分为四大类：风险平价、smart beta、风险溢价和主动货币。其中，风险平价投资组合构建的前提是将风险敞口平分到各类资产与大宗商品当中。如果风险在所有风险类别间平均分配,那么风险平价方法将在全球资本市场中构建投资组合。因此,它的基础是稳固的,它的实际收益取决于对市场组合的主动偏离。但在实践中,并非所有风险平价组合都以构建市场组合为目标。桥水基金的 Ray Dalio 首创了一种更定性的方法:以平衡经济增长和通胀风险的方式来进行风险配置,并将其设计成在所有经济环境中都表现良好。[1] 量化方式平衡了股票、债券和大宗商品之间的风险敞口,从而避免了组合简单地(且主要地)由股市风险敞口带来波动。这种方法对风险的度量来自于历史数据,并且组合会定期进行再平衡。

Smart beta 组合是基于规则的策略,它并不基于市值加权,而是更有效地构建指数。Smart beta 策略被认为具有比基于市值构建的指数更优的风险和收益特征。它们中的有些组合抓住了底层的补偿性风险因子,另一些则复制了对冲基金的系统性要素。因为复制系统性风险敞口的成本低廉,smart beta 的费率可以低至接近被动型产品的费率,这给一些对冲基金策略带来了冲击。除了低费率,这些策略还具有流动性好、更加透明并且搭建在预先指定的规则基础上等优点。它们只需要根据规则的要求不断进行再平衡。

如图 3.3 所示,smart beta 的出现进一步缩小了可明显归类为 alpha 的范围。因为许多 smart beta 策略都追求持续、系统性的风险敞口(其中市场风险是最大的)。策略使用者在市场投资组合的 beta 中增加了 beta,减少了被认为是纯 alpha 的部分。

---

[1] Klein, Matthew C. Bridgewater's "All Weather" Strategy Aims to Balance Risk across Economic Environments: Myths and Facts about Risk Parity. *Financial Times*, 2015.

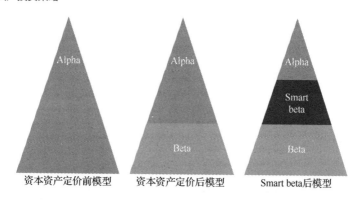

图 3.3 系统化 alpha——smart beta——免费的午餐？

资料来源：William Blair

Smart beta 方法包括基本面指数策略、因子策略、等权重策略以及低波动率策略等。

基本面指数从 Rob Arnott 于 2005 年提出研究附属基本面指数（Research Affiliated Fundamental Index，RAFI）后开始流行。基本面指数以基本面信息为基础进行预测，这些信息包括红利、现金流、销售额和市净率等。衡量基本面的任何数据都可以用来构建基本面指数。

因子策略并不是新出现的策略，但其在 20 世纪 90 年代中期后呈现爆炸式增长。这一策略试图找出有补偿的系统性风险因子，或者叫"另类 beta"，并据此建立投资组合。第一个因子策略在理论上是由 Stephen Ross 在 1976 首创的，并在 1980 年得到了实证的检验。[1]Fama 和 French 通过实证证明三大因子——市场、规模和市账

---

1 Ross, Stephen The Arbitrage Theory of Capital Asset Pricing. *Journal of Economic Theory*, vol. 13, no. 3, 1976: 341–360.

Roll, Richard and Stephen Ross. An Empirical Investigation of the Arbitrage Pricing Theory. *Journal of Finance*, vol. 35, no. 5, 1980: 1073–1103.

率——能够解释绝大部分股票平均收益率的横向差异。在这之后这种因子策略开始被广泛应用。Mark Carhart 随后补充了第四个因子——动量因子。四因子模型成为股票型对冲基金的最爱。[1]从那时起，另类 beta 的集合扩展到包括价值、通货膨胀、货币、套利和信用等。之前只存在于对冲基金中的另类风险溢价出现在面向大众的低费率流动性策略当中，实现了宏观风险敞口的分散化。

等权重策略避免了较高价格的证券（或大类资产）在市值投资组合中成为泡沫。即使不受极端价格影响，市值策略也会导致高买低卖的行为。在我的印象中，最早为避免市值陷阱而采用另类加权指数的应用是明晟在 1988 年首创的 GDP 加权指数。在日本股市于 1989 年 12 月至 1992 年 8 月间下跌 61% 之前不久，该指数将日本股市权重从 41% 降至 19%。

低波动率策略的设计，是为了获得系统性低 beta/波动率市场可比收益，而同时使风险低于传统组合。事后分析表明，收益补偿源于行为偏差，但这仅仅是一个有待论证的假设。

Smart beta 策略的关键特征在于它以规则为基础，因此是被动型的。所以，它们适合用交易所交易基金（ETF）执行。不过，该策略中部分风险溢价种类是主动管理的。风险溢价策略是总收益（不一定是市场中性）导向的，侧重并依赖于对流动性证券或工具的主动型多空投资。同时，风险溢价策略的本质使该策略更加透明且有相对低的费率。风险溢价策略主要还包括全球宏观策略、多空股票策略、市场中性策略和事件驱动策略等。由于这些策略都是主

---

1 Carhart, Mark M. On Persistence in Mutual Fund Performance. *Journal of Finance*, vol. 52, no. 1, 1997: 57–82.

动管理的，各自的管理方式无法被明确描述。其中，全球宏观策略会投资全球股市、债市和外汇市场的个券与集合。其他策略就如字面所述。

3.4 主动货币中隐藏的分散性

主动货币——投资分类中流动性另类投资的最后一项，在动态资产配置中可以起很大作用。具有主动自上而下能力的投资者的主要目标是：当市场经历长期下跌、股价下行时，仍然能实现正收益。在预期收益率较低、央行政策发散且激进，以及需求分散化的大环境下，独立于市场敞口的货币敞口动态管理正在受到越来越多的关注。

运用技术分析或者量化方法的货币组合管理人是很常见的。大多数管理人会直接使用套息和动量策略，二者的差异主要体现在执行层面。基本面货币管理的运用则要少得多。与基本面动态资产配置框架相一致，汇率（相对价格）体现的"价值"并不是资产或指数的贴现现金流，而是相对购买力平价和持续息差或实际现金息差的框架。市场上有一种无来由的怀疑，质疑汇率在中期内会与内在价值趋同。但理论和实证证据都表明，事实上，货币确实会回归均衡汇率，且以比股票或债券更坚定的方式回归。这个理论能够被证实：虽然资产收益产生的预期现金流和用于折现这些现金流的折现率不能被直接观测到，并需要在不确定的条件下估计，但不同国家中以常见的货币形式结算的货物和服务的相对价格则要更加显而易见。从麦当劳的"巨无霸"在各国不同的价格（其因《经济学人》有些轻率但信息丰富的货币估值指数而被大家所熟知）到美国国家统计数据中记录的以生产者价格篮为代表的国际贸易品篮子,购买力的差异是显而易见的。从实证上看,与市场的内在价值回归相比,一篮子货币的价格会更快收敛到均衡水平,如图 3.4 所示。货币比股票均呈现出更短的收敛期。股票价格收敛的平均半衰期为 3.3 年,高于货币的 2.8 年。尽管将极端事件作为参考并不恰当,亚洲货币危机的确提高了新加坡元、韩元和泰铢的收敛半衰期。如果不考虑这三种货币和菲律宾比索,亚洲国家货币的半衰期将降至两年。

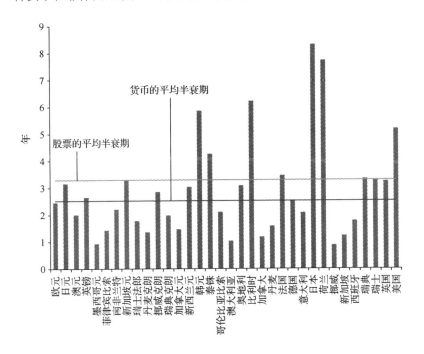

图 3.4 货币和股票的平均半衰期

资料来源: William Blair

第二个有价值的特征是分散性。汇率与股票和债券的相关性非常低。理论上讲，它们之间的相关性为 0，因为货币没有风险溢价，也对经济财富的创造没有求偿权。而实际上，它们之间的相关性有时是正的（例如，在 2015 年大宗商品价格暴跌期间，对大宗商品敏感的货币与相关股市正相关），但有时也是负的（例如，在欧洲央行 2014 年宣布量化宽松政策的初期，欧元开始贬值，而欧元区股市则出现反弹）。

美元指数的月度表现和明晟全球美元对冲指数（MSCI World USD-hedged Index）收益率的散点图展示了这种分散化的潜力。明晟全球美元对冲指数没有受到各个成分国货币波动的直接影响。[1]从 2002 年 1 月到 2017 年 6 月间，相关系数仅为 0.31（如图 3.5）。

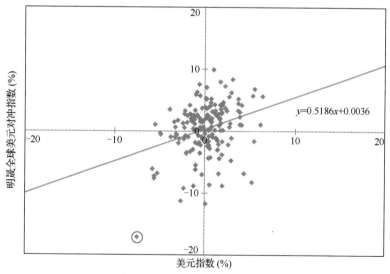

图 3.5　2002 年 1 月至 2017 年 6 月相关收益率散点
资料来源：William Blair.

---

1 美元指数是 USD Index，以美元兑欧元、日元、英镑、瑞典克朗和瑞士法郎汇率为基础。

如图 3.6 所示，在明晟全球美元对冲指数一个月下跌超过 3% 的情况下，相关系数并没有上涨，反而从 0.31 下跌至 0.11，使美元指数成为市场出现较大幅度下跌时一个更好的分散化选择。

最后，正如汇率的波动率低于股票所指示的，汇率被错误定价的极端情况通常比股票少。

这意味着，依据动态货币管理来进行风险资本配置非常有助于实现 DAA 目标。

在我们的投资分类体系中，DAA 和 GTAA 是可以在传统的主动策略、全球宏观策略和主动货币策略中实施的。

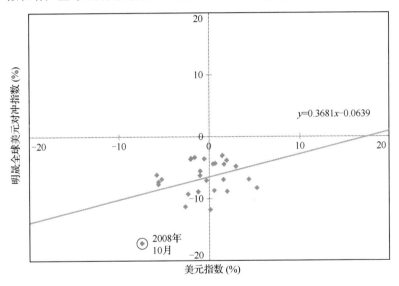

图 3.6　2002 年 1 月至 2017 年 6 月相关收益率散点
（明晟指数下跌超过 3%）

如果我们要顺应内在价值的趋势进行中期投资，DAA 是一个合适的选择。但如果我们要利用地缘政治、央行措施和其他一次性事件所带来的市场行为投资，GTAA 则是更好的选择。DAA 和 GTAA 并不相互冲突。按照内在价值原则管理周期更短的组合，应该采用 DAA 来顺应趋势，同时用 GTAA 来抓住机遇。

3.5 风险管理

流动性另类投资策略提供了比之前的策略更加精确且区别化的风险敞口。因此，这些策略的主要贡献是分散化。尽管这些策略很多会被用来作为市场下跌的保护，但天下没有免费的午餐，下行保护实质上就是一种以持续支付保险费为代价的保险。对于买入看跌期权头寸的人来说，期权费就是保险成本。一般来说，市场下跌时卖出以获得保护，市场上涨时买入以获得敞口，这些策略的成本是相同的。这些仅仅是在复制看跌期权策略，预期会获得和买入看跌期权一样的补偿。

下行限制可能来自特定风险水平下更高的预期收益、更低的风险水平或更大的分散化要求。高收益预期并不等同于高风险预期，但如果收益率预期足够高，尾部风险会不降反升，变得更接近于 0，甚至变为正。降低风险只不过是按比例从风险资产转移到更低风险的资产，这样尾部风险会下移并重归于 0。尽管一些事件推高了相关系数，但分散化程度的提高仍然是投资界真正的免费午餐。分散化并不是灵丹妙药，但它有助于降低组合的下行尾部风险，或黑天鹅风险事件。

最后，风险管理的"最高境界"是建立一个抗打击的投资组合。遗憾的是，做到这一点知易行难。不过通过基于代理模型（Agent-based Models）和临界状态理论（Critical State Theory），这方面正在取得进展。特别是，自组织临界性，如市场中的自组织互动，是指下一次互动产生结果的量级，将与该结果发生的概率呈反比。就好比一粒沙子的下落可能引发相邻颗粒的碰撞，也可能引发一场不太可能发生的雪崩。在这种状态下，关系是已知的，但概率是未知的。自组织临界性仅仅是一个会出现巨大量级事件的环境。

3.6 小结

自上而下的投资方式正在快速发展。

能够提升收益的要素，曾主要为主动型自下而上基金和对冲基金所用，如今也正为自上而下基金所用，这些基金包括主动型和被动型的。主动风险溢价、风险平价和货币策略可以通过动态和战术性地系统风险暴露捕获这些收益。被动型 smart beta 策略偏离了市值加权指数的权重，以指定的规则来创建独特的指数权重。这些规则是为了获取那些可以随时间的推移带来系统性补偿的风险敞口。所有主动或被动的自上而下的流动性另类投资策略的一个主要共同点是存在系统性有补偿的风险敞口。一些这类基金会持有个别公司的股票和债券，但这些持仓是由自上而下的策略所驱动的，是策略风险敞口的一小部分。

随着更多可利用的系统性风险被发现，并用它们的高效率和低成本吸引更多资本，流动性另类投资策略的种类会继续增加。随着这个趋势的延续，整个行业将持续进化，新的分类体系将会出现。

参 考 文 献

Brinson, Gary P. and Nimrod Fachler. Measuring Non-U.S. Equity Portfolio Performance. *Journal of Portfolio Management,* vol. 11, no. 3, 1985: 73–76.

Brinson, Gary P. L. Randolph Hood and Gilbert L. BeeBower. Determinants of Portfolio Performance. *Financial Analysts Journal*, vol. 42, no. 4, 1986: 39–44.

Brinson, Gary P. Brian D. Singer and Gilbert L. Beebower. Determinants of Portfolio Performance II: An Update. *Financial Analysts Journal*, vol. 47, no. 3, 1991: 40–48.

Ibbotson, Roger G. and Paul D. Kaplan. Does Asset Allocation Policy Explain 40, 90, or 100 Percent of Performance? *Financial Analysts Journal*, vol. 56, no. 1, 2000: 26–33.

Graham, Benjamin and David L. Dodd. *Security Analysis*: Principles and Technique, 6th ed. New York: McGraw-Hill, 2009: 64,70.

Brinson, Gary P. Asset Allocation vs. Market Timing. *Investment Management Review*,1988.

John M. Keynes. *The General Theory of Employment, Interest and Money*. New York: Harcourt Brace Jovanovich, 1964: 154–155.

Staub, Renato and Brian D. Singer. Asset Allocation vs. Security Selection: Their Relative Importance. *CFA Institute Investment Performance Measurement Feature Articles*, vol. 2011, no. 1, 2011: 7.

Carhart, Mark M. On Persistence in Mutual Fund Performance. *Journal of Finance*, vol. 52, no. 1, 1997: 57–82.

Klein, Matthew C. Bridgewater's "All Weather" Strategy Aims to Balance Risk across Economic Environments: Myths and Facts about Risk Parity. *Financial Times*, 2015.

Ross, Stephen The Arbitrage Theory of Capital Asset Pricing. *Journal of Economic Theory*, vol. 13, no. 3, 1976: 341–360.

Roll, Richard and Stephen Ross. An Empirical Investigation of the Arbitrage Pricing Theory. *Journal of Finance*, vol. 35, no. 5, 1980: 1073–1103.

第 4 章

风险平价：是灵丹妙药还是缘木求鱼

Gregory C. Allen

4.1 引言

风险平价是一种投资策略，其将资产配置到不同的大类资产中，使得每一大类资产对整个投资组合贡献的波动率相同。这种方法倾向于将更多的资金配置到收益率较低的大类资产中，因此这种投资方式常常通过加杠杆来获得令投资者满意的收益。相比之下，典型的机构投资组合采用的是无杠杆方法，其中股票约占投资组合总波动率的 90%。风险平价的提倡者认为，传统的方法过分依赖股票，因此不如风险更平衡的方法有效。事实证明，在 2008 金融危机之后，这一观点很有说服力，风险平价策略在机构投资者中获得了更多的关注。

在本章中，我将使用 Markowitz（1952）和 Tobin（1958）的现代投资组合理论框架，从理论的角度对风险平价理论进行评价。然后，我将比较风险平价投资组合与机构投资者使用的传统投资组合的历史表现（模拟和实际）。最后，我将介绍风险平价策略的演变和该策略在机构投资者中的盛行。

4.2 风险平价组合和现代投资组合理论

为了更好地理解风险平价模型的理论基础，在现代投资组合理论框架的语境中对其进行研究是很有帮助的。具体来说，通过将风险平价组合与传统的均值−方差优化组合进行比较（以有效边界曲线体现），我们可以了解两种组合构成的不同，及杠杆在取得预期收益方面的作用。

图 4.1 是一个风险平价投资组合的构成，包括美国股票、非美国股票、房地产、大宗商品和固定收益。表 4.1 是该投资组合的预期收益率、标准差和相关系数。与均值−方差优化不同的是，对于如何确定风险平价组合的构成，业界并没有标准的答案。最简单的方法是忽略大类资产之间的相关性，因为相关性的不稳定会导致估计误差的增大。这种方法取大类资产权重标准差的倒数，并对其进行缩放，使其总和等于 1。本章中，我们使用了另一种方法，根据标准差和相关性来确定每个资产类别对总体投资组合风险的边际贡献。这种方法使我们能够解出一个组合，组合中每个大类资产对总投资组合风险的边际贡献是相等的。这种方法类似于 Qian (2006) 描述的方法。在实践中，这种方法得到了在有效边界中无论是组合构成还是风险水平都更接近"最优投资组合"的结果。值得注意的是，这些方法均不需要对预期收益率进行假设，就能决定大类资产配置比例。然而，在决定用多高的杠杆才能达到所期望的收益水平时，仍需要对大类资产的预期收益率有一个假设。

第 4 章　风险平价：是灵丹妙药还是缘木求鱼

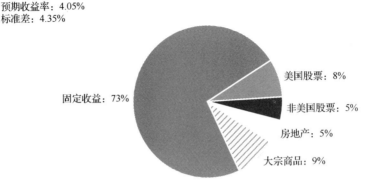

图 4.1　一个风险平价投资组合的构成

表 4.1　投资组合的预期收益率、标准差和相关系数

大类资产	美国股票	非美国股票	房地产	大宗商品	固定收益
预期收益率(%)	6.85	6.75	5.75	2.65	3.00
标准差	18.25	19.70	16.35	18.30	3.75
相关系数					
大类资产	美国股票	非美国股票	房地产	大宗商品	固定收益
美国股票	1.00				
非美国股票	0.84	1.00			
房地产	0.73	0.66	1.00		
商品	0.15	0.16	0.20	1.00	
固定收益	−0.11	−0.11	−0.03	−0.10	1.00

图 4.2 显示了预期收益率为 6.00% 的有效均值-方差投资组合，以供比较。有效均值-方差组合由一套有关标准差和相关性的假设推导而来，这套假设同样被用来推导风险平价组合。它还使用了均值-方差框架（如表 4.1 所示）所要求的预期收益率假设。之所以选择这个投资组合，是因为它的风险态势类似于机构投资者所使用

的典型的多资产类别投资组合。实际上，这个投资组合的波动性几乎完全由股票决定，固定收益对总投资组合波动的贡献率不到5%。

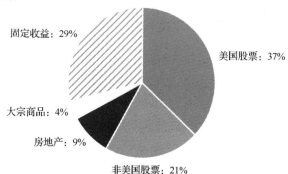

图4.2 预期收益率为6.00%的有效均值-方差投资组合

根据表4.1中的数据，经计算可知无杠杆风险平价组合的预期收益率大约比均值－方差投资组合低2%（两者分别为4.05%和6.00%）。这是因为风险平价组合会配置超过70%的固定收益，而固定收益的预期收益率只有3%。其他波动性较高的大类资产在投资组合中的权重大致相等。值得注意的是，尽管预期收益率不高，大宗商品在风险平价组合中也得到了相当比例的配置。这是因为求解风险平价组合时收益是被忽略的，我们的方法使用了相关性。在均值－方差投资组合中，大类资产因低预期收益率而受到惩罚，大宗商品的配置比例要小得多。

现代投资组合理论框架有助于解释如何使用杠杆来弥补两个投资组合之间195个基点的缺口。图4.3描绘了利用图4.2中的长期资本市场假设生成的有效边界。有效边界上的每一点都代表着针对特定风险水平的收益率最大化投资组合。这些点共同代表了不使用杠杆的投资者拥有的有效机会。

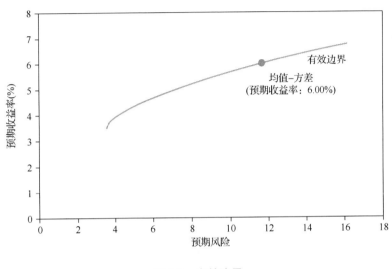

图 4.3 有效边界

图 4.4 增加了资本配置线，这条直线的截距是借款利率（在本例中假定为 2.25%）。假定投资者可以按这一利率借款或贷款，而无需支付交易费用。资本配置线的斜率是由其与有效边界的切点来确定的。在有效边界切点上的资产组合被认为是"最优投资组合"。通过将最优投资组合与现金相结合，可以得到在切点左侧的资本配置线上各点的期望收益和标准差。在切点右边的资本配置线上的点的预期收益和风险，可以通过使用杠杆（借入资金并将其投资于最优投资组合）来获得。

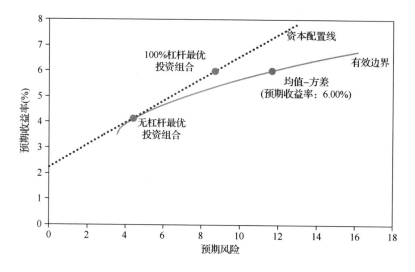

图 4.4　有效边界和资本配置线

在本例中，最优投资组合的预期收益率约为 4%。为了获得与均值-方差组合相等的收益率，最优投资组合需要加一倍的杠杆。值得注意的是，加了杠杆的最优投资组合的预期标准差比具有相同预期收益率的均值-方差投资组合的标准差约低 25%（前者标准差为 8.70%，而后者为 11.65%）。这个例子说明了杠杆的作用，杠杆正是风险平价方法的一个关键要素。

风险平价价值定位的核心问题是，风险平价组合的预期收益率和风险与最优投资组合的有多接近（即它们是否位于有效边界大致相同的风险领域）。图 4.5 旨在说明有效边界、资本配置线和风险平价组合三者之间的关系。

第 4 章 风险平价：是灵丹妙药还是缘木求鱼

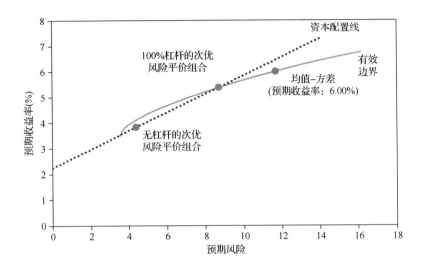

图 4.5　有效边界、资本配置线和风险平价组合

图 4.5 描述了一个理论上的风险平价组合的资本配置线，这一平价组合位于有效边界之下，是次优的。在这种情况下，仅仅为了回到有效边界就需要 100% 的杠杆。要达到均值-方差组合 6.00% 的预期收益率的目标，还需要增加 30% 的杠杆比率。相对于均值-方差投资组合，加了 130% 杠杆的次优风险平价组合的风险降低幅度大大减少。

现代投资组合理论框架让我们看到，风险平价是均值-方差法的延伸，其通过使用杠杆来增加自由度。这引出了对评估风险平价至关重要的两个问题。第一个问题是：风险平价组合是否处于有效边界——也就是说，它是否在无杠杆的基础上，基于预期风险水平带来了最大的预期收益。第二个问题是：资本配置线是否实际上是线性的,是否足够陡峭——也就是说,相对于风险资产的溢价而言,借款利率是否足够低;相对于所使用的杠杆数量而言,杠杆成本是否能够保持不变。

4.3 风险平价和效率

风险平价组合是否有效这个问题非常重要,因为这种方法需要使用杠杆。正如我们在上文中所看到的那样,给低效组合加杠杆实际上拉平了资本配置线的斜率,导致需要加更大的杠杆,而这削弱了有效边界上加杠杆组合相对于无杠杆组合的优势。

从理论上讲,如果风险平价组合和最优投资组合完全相同,那将纯粹是巧合。这是因为预期收益率并不用于风险平价组合的推导,却是依据有效前沿确定投资组合的关键输入变量。这使得风险平价组合很可能不位于有效前沿,更不用说与最佳投资组合位于同一地点。因此,我们应该接受这样一个事实,即纯粹从理论意义上讲,加了杠杆的平价投资组合在效率方面充其量等于(很可能低于)加了杠杆的最优投资组合。

因此在实践中,问题就变成了风险平价组合是否足够接近最优投资组合,从而能够实现更高的经风险调整的收益的承诺。Asness、Frazzini 和 Pedersen (2012) 认为这两个投资组合足够相似。他们认为,这主要是因为两类组合都超配了低收益大类资产,超配低收益大类资产的优势,是由他们称为"杠杆厌恶"的市场低效性所驱动的,他们相信这种特性足以弥补风险平价组合在效率上的缺口。

简单地说,杠杆厌恶指的是相比更安全的资产,一些投资者更倾向于选择高风险资产(大概是因为他们不愿意使用杠杆,或者无法有效地获取杠杆)。这提高了风险资产相对于安全资产的价格,并导致安全资产具有持续较高的经风险调整的收益率。一个主要由相对安全资产组成的加杠杆组合,可以利用这种低效来产生更高的经风险调整的收益率,只要它合理地接近有效前沿且杠杆成本也足够低。

尽管经验证据似乎支持了杠杆厌恶效应的持久性(Asness, Frazzini and Pedersen, 2012;Frazzini and Pedersen, 2014),但这并不能阻止从业者们选择真正有效的风险平价组合。实际上,这往往导致对大宗商品等大类资产的"平价"限制的放松。与其他风险资产相比,大宗商品的经风险调整的收益率较低(在许多情况下,它们被简单地排除在外)。

建立有效的风险平价组合,必须作出的一些关于投资组合结构的关键决策,具体包括以下几点:需要配置的大类资产;需要配置的大类资产的数量;广义或狭义的资产类别定义;衡量方差和协方差的期限;投资组合的再平衡频率;是否包含非流动性资产,如私募股权和房地产等,如果包含在内,如何衡量它们的方差和协方差;最后,应该加多少杠杆,以及如何构建杠杆。

本章不会讨论所有上述问题。在很大程度上,这些问题与传统的无杠杆多资产投资组合的管理者面临的问题相同。在下一节中,我将讨论风险平价方法特有的一个问题:杠杆的使用。

4.4 风险平价组合和杠杆

James Tobin 在 1958 年提出资本配置线时,杠杆的理论与实际应用存在着很大的差距。理论上,你可以以无风险利率和零交易成本借入和贷出的杠杆规模是没有上限的。但在实际应用中，低成本的杠杆，尤其是用于购买证券的低成本杠杆，几乎是不存在的。从那时起到现在，资本市场发生了相当大的变化，机构投资者获得杠杆的来源变得更多——从简单的信贷额度到期货和期权市场，到收益互换，到债务抵押债券（CDO）和其他带有内在杠杆的各种工具——从成本效益的角度来看，这些都使采用风险平价组合更加可行。这也使最优的杠杆资源变得更加复杂，而周期性的市场压力使这一问题更加复杂。

在我们假设借款利率为 2.25% 的简单例子中，风险平价组合需要大约 100% 的杠杆才能实现均值-方差投资组合 6.00% 的预期收益率。如果我们将借款利率从 2.25% 降至 1.75%，达到 6.00% 的预期收益率所需的杠杆率将降至约 80%，相对于均值-方差投资组合的风险也将相应降低，如图 4.6 所示。

这个例子说明了这样一个事实：在一定的目标收益率下，借款利率即使发生相对小幅的变化，仍然可能影响风险平价组合的杠杆率。

资产端发生的变化也会影响所需的杠杆率。在这个例子的前提假设中，量化宽松和其他宏观因素将会使风险资产的预期溢价降至非常低的水平。此外，低收益率加上规模处在历史高位的政府债券将会使债券市场的预期波动性降至历史低点。在风险平价框架内，债券波动性的下降必然会带来更多的债券配置，从而分担同等份额的风险。债券在投资组合中的高份额与风险资产的低预期收益率相结合，将导致无杠杆风险平价组合的预期收益率达到历史最低水平。相对于借款利率（一个更平坦的资本配置线），预期收益率越低，实现目标收益率所需的杠杆率就越高。

第 4 章 风险平价：是灵丹妙药还是缘木求鱼

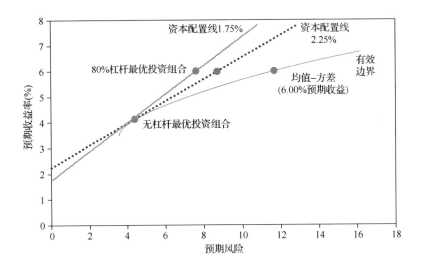

图 4.6 降低了借款利率的资本配置线

平坦的资本配置线会导致所需杠杆增加，这带来了一个问题，即借款成本是否总是与借款额线性相关。也就是说，资本配置线是线性的，还是随着杠杆比例的上升而逐渐变平。在我们的例子中，风险平价组合需要 100% 的杠杆才能达到目标收益水平。随着投资组合杠杆率的增加，对手方将要求为其承担的日益增加的信用风险提供更多补偿。在市场混乱、流动性溢价高企的时期，交易对手对高杠杆率的投资组合会要求更高的溢价，或者可能会完全收回自己的信用额度。负收益率曲线也可能对维持风险平价方法所要求的杠杆水平造成挑战。当短期借款利率超过市场导向债券组合的收益率时，它实际上会导致负斜率的资本配置线。在这些情况下，以短期利率借款并对投资组合进行杠杆操作，理论上将使其进一步低于有效边界。

最后，引入系统性杠杆要求机构投资者使用的监测、对标、报告和风险管理工具更加先进。虽然银行和保险公司长期以来一直使用既着眼于债务又着眼于股票的工具来监测风险、衡量成败，但典型的养老基金或捐赠基金使用的工具几乎完全专注于股票。从这个角度来说，开发一套系统，用以获取数据并分析复杂的多资产组合，对托管人、投资顾问以及负责杠杆组合的机构投资人员来说，可能是一个挑战，但也蕴藏着机会。

4.5 风险平价的业绩

从历史和全球市场的角度，从业者提供的大量证据表明，风险平价策略可以比传统的无杠杆均值-方差投资组合带来更高的风险调整收益。Asness 等人（2012）在文献中进行了至今为止最为细致和彻底的分析。他们模拟了 1926—2010 年间美国市场风险平价组合相对于 60/40 投资组合的表现。他们还分析了 1986—2010 年间，全球其他 10 个发达国家的市场。在每一种情况下，风险平价策略都比传统的 60/40 投资组合有更高的经风险调整的收益率。在美国投资组合中，他们测试了 5 种不同的借款利率，从最便宜的美国政府票据到最贵的伦敦银行同业拆借利率（LIBOR）。得出的结论支持风险平价策略在整个集合中最为稳健，尽管随着杠杆成本的增加，其优势也会大幅缩小。

为了进一步提供论证，我们将使用截至 2016 年 12 月 31 日的

第 4 章 风险平价：是灵丹妙药还是缘木求鱼

20 年间的数据，比较风险平价策略与均值–方差投资组合。请注意，这段时间的市场对风险平价策略十分有利，因为这期间全球股市出现了两次大危机，收益率曲线持续向上倾斜，利率普遍下降。然而，这样的对比仍然是具有价值的，因为它为产生更优的经风险调整结果的业绩模式增添了色彩。这两个投资组合使用了与本章第一节相同的资产类别。[1] 表 4.2 显示了 20 年间每个资产类别的历史收益率、标准差和相关系数。

假设这两个投资组合在此期间保持不变的资产配置，并按季度进行再平衡。假定风险平价组合的杠杆比例保持不变，且风险平价组合通过前文所讨论的方式搭建，即利用标准差和相关性对该组合进行配置，使得每个资产类别对整体贡献相同的边际风险。假设借款利率为一个月的 LIBOR。这一时期的历史收益率决定了该组合的杠杆率维持在约 65%的水平，这也正是获得 7.5%年化收益率所必需的杠杆水平。均值–方差组合用同一组参数进行设定。为了使对二者的比较更加直观，我们选择了产生 7.5%年化收益率的有效边界上的投资组合。这两个投资组合的构成见图 4.7。

---

[1] 用以代表各资产类别的指数如下：
美国股票：罗素 3000 指数；
非美国股票：1997 年第 1 季度至 2000 年第 4 季度 MSCI EAFE 指数，2001 年第 1 季度至 2016 年第 4 季度 MSCI ACWI ex-US 指数；
不动产：FTSE NAREIT 综合指数；
大宗商品：高盛大宗商品指数；
固定收益产品：彭博巴克莱综合指数。

表4.2 20年间每个资产类别的历史收益率、标准差和相关系数
（截至2016年12月31日）

资产类别	美国股票	非美国股票	房地产	大宗商品	固定收益
收益率（%）	7.86	4.35	9.02	-1.92	5.29
标准差	17.28	19.75	19.83	25.04	3.51
相关系数					
资产类别	美国股票	非美国股票	房地产	大宗商品	固定收益
美国股票	1.00				
非美国股票	0.88	1.00			
房地产	0.60	0.54	1.00		
大宗商品	0.21	0.34	0.24	1.00	
固定收益	-0.35	-0.29	0.04	-0.18	1.00

这两个投资组合（上文提到的）与过去20年来大型机构投资者使用的投资组合都不相似。均值-方差投资组合得益于事先知道每种资产类别的收益模式，并明智地将大宗商品和国际股票的权重设为0。风险平价组合在不考虑收益率的情况下配置了全部资产类别，完美地平衡了20年间各资产类别对风险的边际贡献。

正如预期的那样，风险平价组合与均值-方差投资组合获得了相同的收益率，但前者的波动率仅为后者的60%，这使得夏普比率更高（从0.62提高到0.9）；相对于均值-方差投资组合，在2001年2月和2008年9月的危机期间，风险平价组合的回撤大幅减小。图4.8描述了在此期间风险平价组合相对于均值-方差投资组合的收益率，这让我们更好地识别风险平价策略在哪一时期的优势更大，哪一时期则没有优势。

均值-方差组合
收益率: 7.50%
标准差: 8.39%

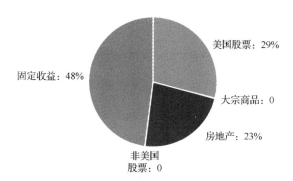

65%杠杆的风险平价组合
收益率: 7.50%
标准差: 5.78%

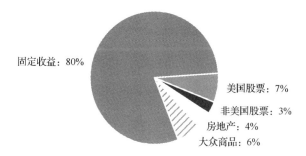

图 4.7　均值-方差组合以及 65%杠杆的风险平价组合

图 4.8 的阴影区域表示风险平价组合的表现优于均值-方差投资组合的时期。由于降低了对股票的风险敞口，增加了对利率的风险敞口，相对于均值-方差组合，风险平价组合更加能经受得住网络泡沫破裂和全球金融危机的冲击。在股票表现强劲的时期，风险平价组合的表现则会持续落后。

多资产投资策略

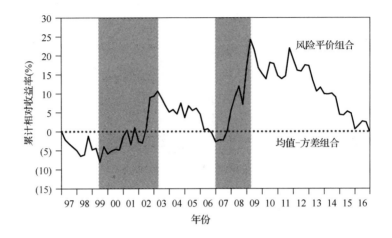

图 4.8 风险平价组合相对于均值-方差组合的
累计收益率（截至 2016 年 12 月 31 日）

表 4.3 表明了这一组合在 Callan 资产所有者数据库中的排位。该数据库包涵了 1 500 多个养老基金、基金会、捐赠基金和其他机构资金池。

如表 4.3 所示，在这段时间里，风险平价组合的业绩排名相当不稳定，在各类分散化的多资产组合中，既有排名第一的情况，也有排名最后的情况。这一特征表明，虽然风险平价策略作为投资组合的一个组成部分可能起到了很好的分散化作用，但对于大型机构投资者来说，在政策层面上维持风险平价策略是非常困难的。很少有机构能有耐心、有远见地坚持一个有潜力在 5 年内超过 99% 同行的项目。这也解释了这样一个事实，虽然机构投资者几乎没有在政策层面采用风险平价策略的，但它们中的许多已经运用这一方法来雕琢其战略配置，并使之成为其整体资产配置的一部分。

表 4.3　风险平价组合 5 年期收益排名

项目	2016-12-31	2011-12-31	2006-12-31	2001-12-31
第 10 百分位数	9.79	4.31	10.17	11.06
第 25 百分位数	9.08	3.17	9.31	9.90
中位数	8.17	2.18	8.31	8.76
第 75 百分位数	7.19	1.24	7.24	7.69
第 90 百分位数	6.18	0.37	6.14	6.60
风险平价投资组合	4.38	8.01	9.88	7.82

资料来源：Callan 全球经理研究数据库

4.6　美国机构采用风险平价策略的历史

尽管风险平价策略被宣扬为一种优于传统非杠杆均值-方差框架下有效投资组合的工具，但在政策层面上，只有一家大型公共机构试图采用这种方法。从 2009 年的全球金融危机中走出来之后，圣迭哥郡雇员退休协会（San Diego County Employees Retirement Association，SDCERA）开始寻找一种替代标准的以股票为中心的投资方法。以股票为中心的投资方法让该基金在金融危机期间损失了超过 20 亿美元（从高峰到低谷）。SDCERA 最终将整个投资组合的管理外包给 Integrity Capital（后与 Salient Partners 合并），后者在总投资组合一级中实施风险平价策略。这一尝试于 2015 年 7 月被放弃。因为在金融危机后的 7 年牛市中，SDCERA 投资组合的表现一直落后于同行（McDonalds，2015）。这一事件突显了机构在推行一种与同行截然不同的投资策略时所面临的挑战。从各方面来看，SDCERA 投资组合兑现了降低波动性的承诺，但在牛市中，相对于同行而言收益率较低。很遗憾，在波动率降低等式的另一边充分实现之前，风险平价策略就被放弃了。

考虑到在政策层面实施风险平价策略的难度，大多数机构要么将这一策略作为"绝对收益"配置的一部分，要么作为完全专用的风险平价配置。一般来说，这一策略占投资组合的 3%—5%，并由专攻这一策略的投资人士来具体实行。对于哪一家公司最先提供了风险平价产品有一些争论，但有很好的理由支持 Ray Dalio Bob Prince 的桥水公司（Bridgewater Associates）是第一家在机构层面实施这一策略的公司。桥水公司在于 1996 年推出的"全天候"（All Weather）投资组合中采用了风险平价策略。然而，直到 2005 年，风险平价一词才在 PanAgora 资产管理公司的 Edward Qian（2005）所撰写的白皮书中被创造出来。2008 年金融危机以后的几年里，有 20 多家公司在美国发布了以风险平价概念设计和销售的产品。截至 2016 年 12 月 31 日，采用风险平价策略的总资产超过了 1 200 亿美元。表 4.4 列出了截至 2016 年 12 月 31 日，Callan 全球经理研究数据库（Callan Global Manager Research Database）及 eVestment 全球数据库（eVestment Global Database）中收录的使用风险平价策略的公司名单。

自风险平价这一术语诞生后，风险平价策略在最初的"全天候"策略之后历经了第一个 10 年，金融危机后又开启了第二个 10 年，以这一名称销售的产品正在持续演进。一部分从业者采用了明确的战术（或动态）方法来运用风险平价，持续调整不同资产类别的配置，并利用杠杆来应对预期收益率和风险前景的变化。另一部分从业者已经超越了在其投资组合结构中使用简单资产类别的做法，并已开始使用"风险溢价"作为其风险平价组合的基础。还有一部分基金经理在其风险配置中放弃了对"平价"的严格遵循,而是更专注于优化多资产组合中经风险调整的收益。更加复杂的是,这类策略可能具有截然不同的波动性目标,而这也吸引了更广泛的投资者。最终的结果是市场上出现了各种各样的风险平价产品,这些产品间体现更多的是差异,而不是相似之处。图 4.9 对比了截至 2016 年 12 月 31 日的 3 年期间,各风险平价产品的收益率范围与 Callan 资产所有者数据库所收产品的收益率范围。

表 4.4 拥有风险平价策略产品的公司(截至 2016 年 12 月 31 日)

公司名称	
AllianceBernstein, LP (AB)	Neuberger Berman Group, LLC
Aquila Capital Investment	PanAgora Asset Management
AQR Capital Management	Parametric Portfolio Associates
Blackrock, Inc.	Pear Tree Funds Columbia Threadneedle
Boston Advisors, LLC	Investments
Bridgewater Associates, LP	Salient Partners, LP
Putnam Investments First Quadrant, LP	Schroder Investment Management Limited
Fulcrum Asset Management	Wellington Management Company, LLP
Global Asset Management (GAM) Invesco, Ltd	Zadia Gestion
Janus Capital Group	
JP Morgan Asset Management	

资料来源:Callan 全球经理研究数据库、eVestment 全球数据库

如图 4.9 所示,在这段相当短的时间内,风险平价产品的收益率分布比 Callan 资产所有者数据库所收产品的收益率分布范围要广得多。中位收益率前者比后者要低 211 个基点,表明这一时期的风险平价策略拉低了总投资组合的收益率。图 4.9 显示,在选择风险平价策略前,要非常清楚该策略是如何构建的,不同时间其目标风

险水平是怎样的,以及其在各种市场条件下的预期表现。

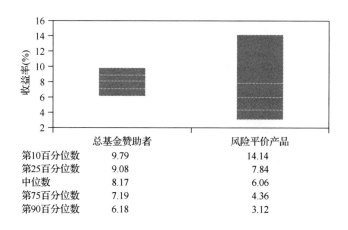

图 4.9 风险平价产品 Callen 者数据库所收产品的收益率范围

(截至 2016 年 12 月 31 日的 3 年)

4.7 小结

在金融危机之后,机构投资者对替代股票中心的策略产生了强烈的兴趣,这并不令人感到意外。在过去 15 年,全球股市出现了两次重大危机,收益率曲线一直向上倾斜,利率普遍下降,这使得风险平价策略看起来是一个特别有吸引力的选择。尽管由于对同业风险和杠杆使用的担忧,风险平价策略在政策层面的应用无法维系,但许多机构为了进一步分散投资组合,已经开始在战略配置中开拓风险平价的应用。市场因此也出现了各种各样的风险平价产品,风险平价策略管理下的资产规模也在稳步增长。在利率上升或收益率曲线持续反转的时期,人们对杠杆的使用——特别是对固定收益产品加杠杆——存在疑问。然而，从业者认为，利率风险只是具备良好均衡度的风险平价组合中的众多风险敞口之一。从长远来看，风险平价方法最终将兑现其提高经风险调整的收益率的承诺，从而显示出其价值。

参 考 文 献

Asness, Clifford S., Andrea Frazzini and Lasse H. Pedersen. Leverage Aversion and Risk Parity. *Financial Analysts Journal*, vol. 68, no. 1, 2012: 47–59.

Boido, Claudio and Giovanni Fulci. A Risk Contribution Approach to Asset Allocation. *IUP Journal of Financial Risk Management*, vol. 7, no. 1–2, 2010: 58–77.

Frazzini, Andrea and Lasse Heje Pedersen. Betting Against Beta. *Journal of Financial Economics*, vol. 111, no. 1, 2014: 1–25.

Markowitz, Harry M. Portfolio Selection. *Journal of Finance*, vol. 7, no. 1, 1952: 77–91.

McDonald, Jeff. Pension Fund Dismisses Texas Consultant. *San Diego Union Tribune*, 2015.

Qian, Edward. Risk Parity Portfolios: Efficient Portfolios through True Diversification. *White paper, PanAgora Asset Management*, 2005.

Qian, Edward. On the Financial Interpretation of Risk Contribution: Risk Budgets Do Add Up. *Journal of Investment Management*, vol. 4, no. 4, 2006: 41–51.

Tobin, James. Liquidity Preference as Behavior towards Risk. *Review of Economic Studies*, vol. 25, no. 2, 1958: 65–86.

第 5 章

晨星投资风格箱

Jeffrey Ptak, CFA

5.1 概述：股票投资风格分析

股票投资风格分析是一种识别和描述投资组合特征的方法。投资风格分析可以告诉我们一个组合是投资大盘价值股的还是投资小盘成长股的。个人投资者可以根据投资风格来了解他们所购买的投资产品的类型，以及这些投资产品是如何融入现有组合的。财务顾问、基金经理和学者会根据投资风格分析来购买、区分或构建受管理的投资，并监控它们的投资风格偏移。投资风格分析还被用于构建同类组合，以及挑选适当的符合特定风格的投资基准。

虽然人们普遍认为投资风格分析十分有价值，但对于如何衡量投资风格仍存在很多争议。投资风格分析主要有两种方法：持股分析法和收益分析法。持股分析法是根据持有股票的特征，对投资组合进行分类。例如，晨星投资风格箱（Morningstar® Style Box™）方法就是针对基金底层股票的规模和价值/成长导向的持股分析法。相对的，收益分析法是将投资组合的总收益（通常是 3—5 年的月度收益）与各种基于投资风格的指数（通常包括 4—12 项指数）的总收益进行比较，并根据组合收益与不同指数收益的相似度给出投资风格的参考值。

收益分析法在金融专业人士中得到了更广泛的应用，因为原始数据（月度收益）相对容易获得。而持股分析法在概念上被普遍接受，在实践中也日益得到广泛应用。

晨星长期以来一直坚持持股分析法，但同时其也认识到，在某些情况下，收益分析法也会有所帮助。由于这两种方法存在较大的不同，为了读者可以正确地解读结果，理解模型的工作原理是很重要的。（详情见本章"附录"部分。）

5.2 晨星投资风格箱的历史

晨星投资风格箱创立于 1992 年，旨在帮助投资人与投资顾问分析基金的投资风格。由于不同的投资风格往往会展现不同的风险和收益水平，对投资人而言，了解投资风格，并使用工具衡量投资风格的风险敞口十分关键。在此前提下，晨星投资风格箱提供了一个直观可见的分析工具，协助投资人构建风格一致的投资组合，并对组合进行更精准的监控。

在 1992 年晨星推出投资风格箱之前，很多基金研究只是简单地将历史表现投射到未来。而投资风格箱试图通过联合基金股票持仓的特点与其他支持数据，如历史收益等，使分析更进一步。由此，投资者可以更好地评估未来可能的收益范围，从而更好地分散投资组合，或者建立同类组合来比较类似的基金并评估业绩。

投资风格箱还为投资者提供了一种识别和监控一只基金长期投资特征的手段。投资风格箱试图通过详细分析一只基金所持股票的基本特征，勾画风险、收益的权衡和潜在未来收益的范围。多种投资风格的相互作用是非常有意义的，投资风格箱试图用一种信息丰富的方式来传递这种意义。

投资风格箱旨在将对基金分类的权力从基金销售商手中（它们对基金的命名时常是具有误导性的、含糊不清的）交还到投资者与利益相关方手中。事实证明，这是基金展示与销售方式的一个转折。投资者拥有了可以独立评估一只基金并与其他类似基金进行比较的方法。

5.3 总览

晨星以基金持有的股票市值为基础，根据规模把基金划分为大盘、中盘和小盘；以基金持有的股票的风格，即价值/成长特性为基础，把基金划分为 3 种风格类型：价值、混合和成长。如图 5.1 所示，这些特性形成的 9 种组合，对应了晨星投资风格箱的 9 个方格，其中纵轴代表规模，横轴代表风格。

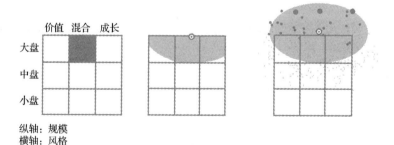

图 5.1　星晨投资风格箱

最新的投资风格方法型用 10 个因子衡量股票的价值/成长特性，其中 5 个代表价值性得分、5 个代表成长性得分。多因子方法带来了更准确、更稳定的投资风格判定。在衡量规模时，新方法则采取更灵活的方法取代静态的大盘、中盘、小盘界定。此外，新方法也会根据地理位置对股票进行分类，而不是将所有非美国股票归为一类。

新方法由分析股票层面开始，最终形成一个通用的分析框架，适用于基金研究、组合构建和市场监控。晨星于 2002 年在对美国股票和基金的研究中引入上述新方法，并于 2004 年 3 月将其推广到对非美国市场的股票和全球基金的研究。晨星同样将这种新方法广泛应用于股票投资产品，包括开放式基金、封闭式基金、独立账户等。

5.4 驱动原则

以下原则驱动了晨星投资风箱方法。

(1) "投资风格箱"应适用于所有股票市场

地理分布框架确保股票能够与其最接近的同类股票进行比较，并确保风格判定与所有的本土投资者相关。全球股票市场被分为 7 个投资风格区：美国，拉丁美洲，加拿大，欧洲，日本，除日本以外的亚洲地区，澳大利亚和新西兰。

(2) 个股规模划分应灵活，并能反映不同的市场情况

该模型没有以固定的美元数值将股票分为大盘、中盘、小盘，

而是根据每只股票在其投资风格区总市值的占比来进行划分。大盘股是前 70%的股票，中盘股为接下来的 20%，小盘股则指余下的 10%。

（3）股票的价值/成长特性应在同类群体中进行比较

日本小盘股的表现与欧洲大盘股截然不同，两者之间也不应该有一个相对的打分。因此，尽管两只股票可能具有相似的财务比率和增长前景，若它们分属不同的投资风格区，也可能会被赋予不同的价值/成长值。

（4）一只股票的价值特性和成长特性是截然不同的

总体价值和总体成长分数是根据相互关联但又彼此独立的变量估算的。一旦估算完成，它们被合并成一个单一的"价值-核心-成长"（Value-Core-Growth, VCG）得分。

较高的价值得分表明，相对于股票的预期每股收益、账面价值、收入、现金流和股息，股票的价格相对较低。股票价格相对较高则表明股票的价值特性偏弱，但这并不一定意味着股票是成长型。

较高的成长得分表明，与同一打分组中的其他股票相比，该股票的每股收益、账面价值、收入和现金流预计会实现快速增长。偏弱的成长特性并不一定意味着股票具备很强的价值特性。

因此，一只股票可能是或强或弱的成长和价值特性的任意组合。当一组特性占主导时，我们就可以对股票进行相应的分类。如果股票的成长和价值特征在实力上相似，股票则为"核心型"风格。（术语说明：对于股票，投资风格箱的中间列代表"核心型"风格。

对于基金而言，价值型经理和成长型经理通常出于分散化或其他原因，会持有核心型股票。因此，基金投资风格箱的中间列代表"混合型"风格。）

（5）仅靠历史业绩很难充分反映一只股票的价值/成长特性

投资者会同时根据历史表现和未来预期进行交易。因此，晨星在模型中同时包含了历史性和前瞻性的财务指标，以确保主动型基金经理可获得的所有信息都被考虑到。这些前瞻性指标主要基于第三方分析师的收益估算。前瞻性数据可得的情况下，其对股票风格判定的贡献会达到50%。

（6）股票规模和风格特性可用于基金研究、组合构建和监测

晨星将风格和规模分别设为横轴和纵轴，它们构成了持股分析法统一框架的基石。这一综合体系可以帮助投资者和投资顾问了解基金的风格，并构建符合投资者收益预期和风险承受力的分散化投资组合。此外，在美国，投资者可以通过晨星基于投资风格的市场指数来监测其投资组合的表现，该指数广泛涵盖了美国市场，其构建基础与投资风格箱方法相同。

诚然，有些人认为，投资风格箱会暗示基金经理不要偏离其指定的预期区域，从而限制基金经理。但投资风格箱绝不是旨在使基金经理的投资方式趋于一致，也不是旨在左右一只基金的投资风格。相反，投资风格箱试图描述和刻画一只基金的风险趋势，并为投资者提供一个框架，从而使投资者更好地评估未来收益的范围。与任何工具一样，投资风格箱在实践中可能被误用，导致基金经理在一些境况中受到干扰。但事实上，基金会采用各种各样的方法，这反映在可供投资者选择的投资组合的多样性上。

考虑到这种多样性,一些人会问,投资风格箱是否能够准确地描绘出基金经理们使用的所有投资风格。例如,一个关注多种规模及地区的股票的价值投资者可能不同意其被判定为风格箱中某个单一风格。然而,数据显示,尽管差异总是存在,但投资风格箱胜在能够将相似的基金归为一组,以便比较。例如,图 5.2 统计了不同相关系数区间内的美国股票基金数量,该相关系数指的是股票基金收益率与它们在晨星中所属类别的平均收益率的相关系数(这也是投资风格箱的功能之一)。

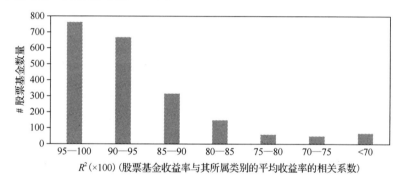

图 5.2 美国股票基金数量按收益率相关系数区间的分布

(截至 2016 年 12 月 31 日的 3 年)

当基金从一种风格演变为另一种风格,或无法完美地符合单一风格时,投资风格箱仍然可以捕获和传递这种信息,例如,"晨星投资风格跟踪"(Morningstar Style Trail)工具建立在基金的过往投资风格分类之上,将其在投资风格箱中的演变展示给投资人。投资者可以通过"晨星基金持股分布区"(Morningstar Ownership Zone),对基金投资风格敞口进行更细致深入的分析。基金持股分布区是对投资风格箱的补充,它为股票组合的投资风格提供了额外的一层细节。在确定基金持股分布区时,首先要在投资风格箱中绘出组合中的每只股票所属的区域位置,然后将组合资产 75% 的区域作为阴影部分,表明组合持仓的集中度。基金持股分布区将在本章稍后篇幅进行讨论。

5.5 投资风格箱的工作原理

股票类星晨投资风格箱是一个九宫格,纵轴代表规模,横轴代表风格,并据此对股票进行分类,如图 5.3 所示。投资风格箱关注股票投资中的三个主要因素:规模、价值和成长。价值和成长特性是分开衡量的,因为它们是截然不同的概念。

晨星投资风格箱™是一个表明证券投资风格的九宫格。规模(大盘、中盘、小盘)沿纵轴展示,风格沿横轴展示。价值型与成长型投资风格对于股票和基金都很常见。对于股票,投资风格箱的中间列代表核心型。很少有基金会只包含极端的价值型或成长型的股票,价值型和成长型基金的基金经理通常会持有一些核心型股票用于分散化投资或其他方面的考虑。

因此,对于基金而言,中间列代表混合风格(混合了价值型与成长型股票或大部分是核心型股票)。

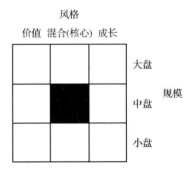

图 5.3 晨星投资风格箱

股票的价值特性反映了投资人综合上市公司预期收益、净资产、收入、现金流和分红等因素,愿意为每股股票支付的价格。高价格表明股票的价值特性弱,但这并不必然意味着这只股票是成长型的。股票的成长特性是独立于价值之外的，反映的是基本面变量的增长率，例如收益、账面价值、营收和现金流的增长率。如果一只股票的价值特性或成长特性都不明显，那么它会被划分为核心型。

一般来说，一个成长型组合会持有那些在基金经理看来，与市场上的其他公司相比，销售和盈利等指标增长更快的公司股票。价值型组合主要包含那些在基金经理看来价格被低估的股票，而市场最终会认可其价值。混合型组合可能是成长型股票和价值型股票的混合，也可能是由兼具这两种特性的股票组成的。

晨星的股票风格分析方法的基础是持股分析法，这与晨星投资的基础方法是一致的。首先确认股票的风格，然后将这些属性"汇总"起来，以确定基金或投资组合的总体投资风格。这种统一的框架可以将一些原本是独立的流程串联起来，如股票研究、基金研究、组合构建和市场监测等。

投资风格箱的纵轴设定了三个类别：小盘、中盘和大盘。横轴设定了三种风格，其中两个类型：价值和成长，同时适用于股票和基金。但对于股票而言，投资风格箱的中间列代表核心型股票（那些价值性或成长性都不明显的股票）；对于基金，它代表混合型基金（成长型和价值型股票的混合，或者主要是核心型股票）。

投资风格箱的判定从单个股票开始。晨星公司在其数据库中为每只股票确定投资风格，根据同一投资风格的其他股票进行评估，然后利用个股的风格属性来确定股票共同基金的风格分类。

（1）横轴

股票的价值和成长特性得分决定了它在横纵的位置。

① 价值得分组成和权重

    a. 前瞻性业绩指标：50.0%

        ● 价格/预期盈利

    b. 历史业绩指标：50.0%

        ● 市净率：12.5%

        ● 市销率：12.5%

        ● 股价现金流比：12.5%

        ● 股息率：12.5%

② 成长得分组成和权重

    a. 前瞻性业绩指标：50.0%

        ● 长期预期收益增长

    b. 历史业绩指标：50.0%

        ● 历史盈利增长：12.5%

        ● 销售增长：12.5%

        ● 现金流增长：12.5%

        ● 账面价值增长：12.5%

每只股票的成长和价值特性会与同一投资风格区内的其他股票相比较，其价值和成长的得分从 0 至 100 不等。成长得分减去价值得分即得到整体的风格得分（图 5.4）。

多资产投资策略

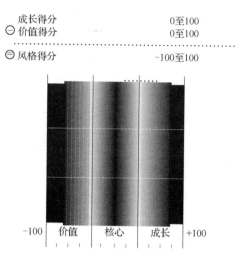

图 5.4 风格得分

整体风格得分从 -100（高收益率、低成长型股票）至 100（低收益率、极端成长型股票）。如果得分等于或超过"成长型门槛值"（大盘股通常为 25 分），股票就被归类为成长型。如果得分等于或低于"价值型门槛"值（大盘股通常为 -15），它就被视为价值型股票。如果得分介于两个门槛值之间，则被归类为核心型股票。

价值型、核心型和成长型股票之间的门槛值随着时间的推移会发生变化，因为市场中股票风格的分布也在变化。不过，平均而言，这三种股票风格各占总数的三分之一。

（2）纵轴

晨星使用一个不受市场整体走势不利影响的灵活系统，而不是设定一个"大盘股"或"小盘股"的固定值。大盘股指在其地理区域市值前 70%的股票，中盘股代表接下来的 20%，小盘股代表余下的 10%。

（3）从个股风格到基金风格

股票型基金是个股的集合，它的风格取决于其所持股票的风格。通过在股票风格网格上绘制基金的所有股票，基金包含股票的风格范围立刻变得清晰起来。股票风格与规模分数的加权平均分决定了基金在投资风格箱中的位置。

股票在投资风格箱中的归属每个月都会重新调整。一旦晨星收到基金最新的组合持仓，就会重新判定基金的归属。

晨星投资风格箱适用于所有股票市场。地理框架确保风格判定与各地的本土投资者相关。

每个不同风格区的股票会进一步被划分为大盘、中盘、小盘，并根据其价值/成长特性为其打分。基金的风格判定则是基于底层股票的风格和规模得分按照资产加权的平均值。

（4）方法论沿革

最初，晨星针对股票基金的投资风格箱模型是用底层股票的市值中位数来作为基金规模平均值。该模型对价值/成长坐标的定位是基于两个价格比率（美国股票基金参考市盈率和市净率，非美国股票基金参考市净率和股价现金流比）来决定的。在这个模型中，所有的非美国股票和基金都是根据同一组分界点来衡量的。2002 年，晨星改进了原有的方法，采用了上文描述的准则。

5.6 使用晨星投资风格箱

晨星投资风格箱在个人投资者、理财顾问和机构中得到了广泛使用。人们用它来比较、选择和监控基金，并建立投资组合。以下是投资风格箱在实践中常见的使用方式，以及结合其他分析方法或工具使用的例子。

（1）晨星基金持股分布区

理解不同类型的股票表现对于建立一个分散化的、风格可控的股票或共同基金组合至关重要。晨星投资风格箱基于组合包含的所有股票和基金的特征——风格因子，来帮助投资者构建组合。

股票和基金的风格和规模得分是晨星基金持股分布区的基石。投资组合的基金持股分布区是通过在晨星投资风格箱中标绘基金投资组合中的每只股票得到的。图 5.5 中的阴影区包括了 75%的基金资产，直观地显示了基金的情况。在基金持股分布区中间的"质心"则代表基金所有持仓的加权平均数。

基金持股分布区可以在大家比较熟悉的晨星风格箱的九宫格上展现。

投资风格箱可以扩展到 25 个方格。该版本的基金持股分布区通常会展示每一只股票对应的标绘点（图 5.6），为投资者提供更多的细节，并使他们能够更好地区分巨盘、微盘、深度价值型和高成长型股票。

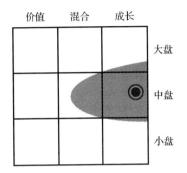

图 5.5 基金持股分布区（九宫格）

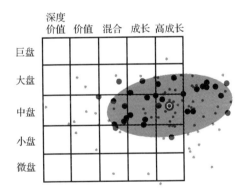

图 5.6 基金持股分布区（25 个方格）

基金持股分布区帮助投资者直观地了解一只基金或一个投资组合的投资风格。它还可以帮助投资者监测基金风格偏移情况，即基金风格随时间变化的趋势。

（2）晨星组合透视工具

运用组合透视工具，投资者能够对投资组合进行剖析，并清晰

多资产投资策略

了解其持仓与风险敞口。

利用组合透视工具,投资者可以评估整体资产配置和板块权重,发现集中的头寸,查看共同基金的股票持仓情况,并根据基准和行业指数衡量业绩。投资风格箱在组合透视工具中扮演着特别的角色。它通过综合投资者的持仓,展现组合风格敞口的全貌,如图 5.7 所示。

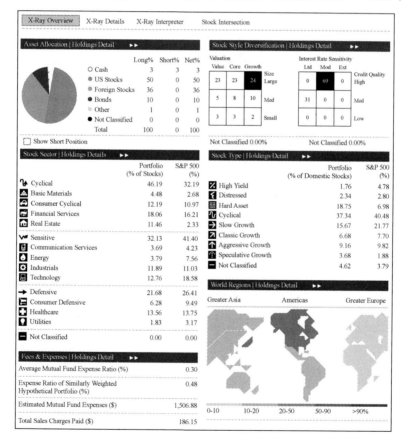

图 5.7　组合透视工具

（3）晨星基金分类方法

晨星投资风格箱展示的是一只基金或投资组合某一时刻的概貌，同时晨星公司也会对基金或投资组合的长期风格趋势进行基于持股的分析。晨星基金分类方法^{TM}反映了一个投资组合在过去 3 年的投资焦点。股票基金的类别可以根据风格、国家/地区敞口（例如日本股票）或经济板块（例如专业技术等）来确定。

在美国，晨星基于风格的分类达到 15 种。其中 9 种是针对多元化的美国股票基金的，类别名称对应投资风格箱中的 9 个方块（例如大盘价值型、中盘混合型等）。其余 6 种被用于多元化的非美国股票基金（例如境外大盘价值型、境外中/小/成长型等）。晨星的一些国际运营部门也会根据风格对基金进行分类。

有关晨星基金分类方法的更多信息，请参阅本章附录。

（4）晨星投资风格路径

晨星投资风格路径工具利用投资风格箱方法和持股数据为投资者提供了投资组合随时间变化的历史视图。这个视图可以让人们审视基金的投资组合是如何随时间变化的，以及这种方法是否保持一致性。

例如，在图 5.8 中，基金的投资风格似乎随着时间的推移发生了显著的偏移（每个圆圈的大小表明了基金成立的时间，最原始的投资组合用最小的圆圈表示，最近的投资组合则用最大的圆圈表示），从价值型到成长型，从大盘股到小盘股。尽管这些变化可能与投资方法一致，但它们仍然会激发投资人的进一步研究，确保该基金不会偏离其在投资组合中的预期目标和角色。

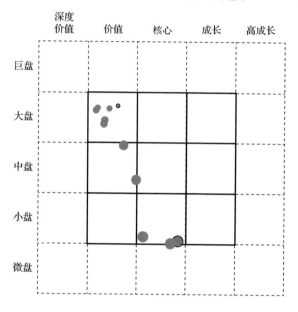

图5.8 晨星投资风格路径

（5）晨星投资风格指数

晨星投资风格指数家族由 16 个指数组成，它们通过追踪美国股市的市值规模和投资风格，形成一个完整的体系（图 5.9）。这些指数的创建运用了一种基于晨星投资风格箱的全面、无重叠的方法，因此为投资者提供了一种额外的可用来比较和参照的工具。

指数成份股的权重是依据其自由流通股计算的。为了确保指数变动能反映出重大事件，只有当股票充分远离原有风格或市值规模（也叫"缓冲地带"）时，才会对其重新分类。

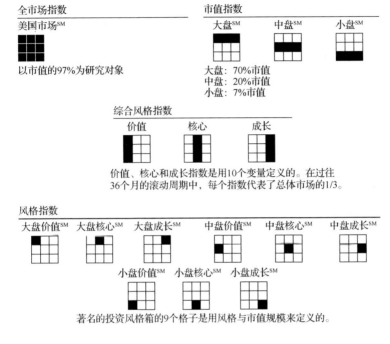

图 5.9 投资风格指数完整体系

(6) 投资风格箱与因子模型

在持股分析模型和收益分析模型（Kaplan，2003）中，人们找到了将基于持股分析法的晨星股票投资风格箱与多因子资产定价模型（如 Fama-French 模型）相结合的方法。

为了说明这一点，我们可以使用晨星投资风格箱方法来构建 4 个参考组合：大盘价值型、大盘成长型、小盘价值型和小盘成长型。对于这些参考组合，我们可以运用 Fama-French 模型，具体模型如下：

$$r_{Ft}=\alpha+\beta_Q r_{Mt}+\gamma_x(r_{LVt}+r_{SVt}-r_{LGt})+\gamma_y(r_{SVt}+r_{SGt}-r_{LVt}-r_{LGt})+\varepsilon_t$$

其中，

r_{Ft}：t 月基金总收益；

r_{Mt}：t 月股票市场组合总收益减去现金收益；

γ_x：衡量基金价值/成长性的参数；

γ_y：衡量基金市值规模的参数；

r_{LVt}：t 月大盘价值型参考投资组合的总收益；

r_{LGt}：t 月大盘成长型参考投资组合的总收益；

r_{SVt}：t 月小盘价值型参考投资组合的总收益；

r_{SGt}：t 月小盘成长型参考投资组合的总收益；

α：截距；

β_Q：投资组合系数 Q（$Q = LV, LG, SV, SG$）；

ε_t：t 月误差项。

附录 5.A 持股分析法与收益分析法

虽然风格分析被普遍认为是一项有价值的工作，但对于如何衡量风格仍有相当大的争议。风格分析主要有两种方法：持股分析法和收益分析法。

（1）持股分析法

持股分析法是一种自下而上的分析方法，一只基金在一段时间内的特征来自于它所包含的证券在同一段时间内不同时间点的特征。特征的选择取决于分析的目的。如果目的是创建一个由指数组合而成的自定义基准，或是将组合分解为一系列大类资产，则所需的唯一证券特征是指数或大类资产。如果目的是根据一组量化的风格特征，如规模和价值/成长特性来描述投资组合，则需要计算每个证券的指定特征，然后将其合并到投资组合级别。

持股分析法需要两组数据。首先，我们需要一个证券数据库，该数据库需要包含可投资基金领域中每一种证券的特征。其次，我们需要记录每只要分析的基金持仓。数据库必须包含在每个时期所需的必要数据。

持股分析法所需的数据库有很高的构建与实时更新成本。因此，只有屈指可数的投资研究公司拥有所需的数据库，可以开展持股风格分析。

（2）收益分析法

Sharpe 引入了一种替代持股分析法的更低成本的方法，即收益分析法。Sharpe 的方法是将一只基金的历史收益率与一组被动构建的参考投资组合的收益率进行回归，每个参考组合代表一种大类资产或一种投资风格。参考组合收益的系数被限制为非负值，并且和为 1。因此它们代表一个只做多的被动投资组合。这个投资组合为基金的自定义基准。

Sharpe 的模型使任何能够获得投资组合和被动指数型组合历史收益数据的人都可以方便地进行风格分析。由于风格分析的重要性和收益数据的相对低成本，Sharpe 的模型很快在机构投资者和投资顾问中流行起来。一些公司为机构客户和个人投资顾问开发了可进行收益分析的软件。

这类软件大部分可创建基金的股票风格特征图。为实现这一目的,它们首先在 x-y 空间中为每个代表特定股票风格(如大盘价值型)的参考组合分配一个点。然后,通过收益风格分析获得的权重,对参考组合的各点进行加权平均,从而生成这只基金在 x-y 空间中的点。

(3) 两种分析法的比较

晨星长期以来都是持股分析法的支持者,但晨星也认识到,在某些情况下,收益分析法同样是有用的。这两种方法有着明显的区别,为了正确地解释结果,理解模型的工作原理是很重要的。

晨星进行了两项独立的研究,以评估两种方法的结论与假设。

研究者分别利用持股分析法和收益分析法对众多投资组合进行了分析,并比较结果。第一项研究(Kaplan,2003),分别使用两种方法生成横轴和纵轴,横轴为价值/成长特性,纵轴为市值规模。研究者使用晨星公司的 10 因子风格模型,并在晨星风格箱中绘制出每个基金的坐标。然后,他衡量了每个投资组合在收益分析法下得到的坐标与持股分析法坐标的紧密程度。第二项研究(Rekenthaler,Gambera and Charlson,2004)比较了每种方法分析后产生的风格分解。风格分解是指各种资产对风格贡献的百分比。第二项研究以罗素风格指数为基准。

Kaplan(2003)的研究显示,收益分析法对于不同风格的投资组合的准确性是有差异的。例如对大盘股和价值型投资组合的标绘点,收益分析法通常会得到与持股分析法相似的结果。然而,Kaplan 发现,小盘、中盘和成长型基金在两种方法下的表现存在显著差异。此外,他还发现收益分析法的描述性统计量(如 R^2)有时会产生误导,暗示了比实际更高的准确性。

如果在应用设计中存在缺陷或数据受到限制，两种方法都可能产生不准确的结果。这是实操性问题，而不是方法本身的缺陷。Kaplan 认为，大部分收益分析应用都加入了不必要的限制作为藩篱，将风格结果限制在一定范围内，使判定更激进的风格（如深度价值型和微盘型）变得困难。同样，由于衍生品数据的可获得性有限，持股分析法对持有大量衍生品头寸的基金的分析效果往往有限。

Rekenther 等人（2004）发现了另一个问题，即模型结果的时效性问题。一些人认为，持股分析法的结果可能是滞后的，因为投资组合的数据并不一定按月更新。其他人则认为，收益分析法得到的结果也可能是滞后的，因为它需要一长串历史月度收益数据。几位作者发现，对历史较短的投资组合使用持股分析法得到的结果，比使用"近期"数据的收益分析法的结果更准确。换句话说，对于 12 个月的概貌分析要比 36 个月的平均值更准确。此外，随着时间的变化，持股分析法比收益分析法更稳定、更一致，因此能够对投资组合未来的风格和风险进行更好的估计。

同时，投资者应该考虑这些模型的以下几个特点：

① 收益分析法需要至少 20—36 个月的业绩，因此这种方法不适用于全新的投资组合，也无法探测短期的风格变化。

② 收益分析法可以用来验证组合持仓的完整性和准确性。如果收益分析法与持股分析法的结果差异很大，那么投资组合经理可能没有披露所有持仓信息。

③ 收益分析法依赖于基准指数的选择；持股分析法依赖于风格框架的选择。

④ 持股分析法是透明的。由于股票和投资组合都使用相同的风格框架，组合经理可以看到每个持仓对平均组合风格的贡献。如果投资组合的风格偏离目标，他们可以采取行动。

⑤ 当基准指数间的相关性较低时，收益分析法是最准确的。如果基准指数间的相关性较高，那么模型将很难判断总收益中某个特定的风格特征。

附录 5.B 晨星基金分类的判定和维护

晨星每半年会对分类进行审核，采用的是最近季度末的 3 年投资组合数据。这个过程的一部分是定量的：利用程序计算各种统计数据的 3 年平均值，并推荐恰当的投资组合类别。一部分也是定性的：晨星的基金经理研究分析师团队将审核定量程序给出的建议，并将根据他们对基金的了解，推荐是否应该推翻或维持这些建议。

根据横轴和纵轴 3 年平均原始得分，基金被判定为不同的风格。3 年平均得分是 3 个 12 月均值的简单平均值。晨星的分类法，反过来也可用于给基金授予晨星星级评价，也就是众所周知的"星级"（Star Rating）（图 5.10）。

★★★★★　★★★★　★★★　★★　★　　我们提供基金（基于历史风险与收益）和股票（基于公允价值估值）的晨星星级评价。

图 5.10　晨星星级评价

当某些投资风格的基金数较少时,晨星可能仅在价值/成长维度上提供两个类别的划分。在这些情况下,3 年平均横轴得分低于 150 的基金被划分为价值型,3 年平均横轴得分大于或等于 150 的基金被划分为成长型。

晨星基金分类方法评审过程中会使用审慎原则或缓冲机制来处理某些案例。这些方法确保了一只基金只有在其投资风格出现重大且持续性的转变后才会被调整为另一类型。也就是说,即使一只基金相关参数的 3 年平均值小幅超越临界点,也可能不会被划分为另一种类型。(这些缓冲机制仅用于分类定位,不适用于投资风格箱的判定。)

附录 5.C 晨星固定收益投资风格箱

除了晨星股票投资风格箱外,晨星还有针对债券基金的固定收益投资风格箱。与股票投资风格箱类似,固定收益投资风格箱有两个关键的维度:利率敏感性(有限、中等、高度)和信用质量(高、中、低)。9 种可能的组合对应固定收益投资风格箱的九宫格;信用质量为纵轴,利率敏感性为横轴。

(1)横轴:利率敏感性

在 2009 年 10 月之前,美国美元应税债券基金久期为 3.5 年或更短的被认为是短期(对利率变化的敏感性有限);超过 3.5 年但少于 6.0 年的被认为是中期(对利率变化的敏感性为中等);超过 6.0

年则被认为是长期的（对利率变化具有高度敏感性）。2009年10月起，晨星将这些静态临界值替换为动态值。

以月为基础，根据晨星核心债券指数（MCBI）的有效久期，晨星计算债券久期的临界点如下：

有限：≥25%且<75%；

中等：≥75%且<125%；

高度：≥125%（久期无上限）。

美国的非美元应税债券基金使用静态久期临界点，包括全球债券类别和新兴市场债券类别中的美元基金，临界点如下：

有限：≤3.5年；

中等：>3.5年且≤6.0年；

高度：>6.0年。

美国的市政债券基金使用静态久期临界点，如下：

有限：≤4.5年；

中等：>4.5年且≤7.0年；

高度：>7.0年。

（2）纵轴：信用质量

从历史上看，晨星遵循行业惯例，根据基金公司提供的数据，计算加权平均信用评级，从而确定债券投资组合的平均信用评级。

然而，由于违约率往往在最低评级中以几何级数上升（这是一种被称为凸性的数学属性），上述方法系统地低估了债券投资组合的平均违约率。例如，美元公司债券，CCC-级和BBB-级债券之间违约率之差超过 BBB 级和 AAA 级之差的 21 倍。然而，传统的平均法假设这些差值相等。

例如，假设一个组合中 90% 为 AAA 级债券、10% 为 CCC 级债券。按照传统方法，该投资组合的平均信用评级为 AA。然而，该投资组合的平均违约率是 BB 级债券的水平。

为了纠正这种偏差，晨星在计算投资组合的平均信用评级时会考虑违约率曲线的凸性。第一步是使用凸曲线将组合中债券的评级换算成对应的违约率。接下来，在加权的基础上将对违约率（而不是评级）平均化，得出投资组合的平均违约率。最后，使用相同的凸曲线，将得到的平均违约率对应回评级。例如，在这种新方法下，90% 的 AAA 级债券和 10% 的 CCC 级债券的投资组合的平均信用评级将为 BB 级。

基于以下临界点，晨星沿着投资风格箱的纵轴绘制了所有投资组合经计算的资产加权平均信用评级。

低信用评级：资产加权平均信用评级低于 BBB 级。

中信用评级：资产加权平均信用评级低于 AA 级，但高于或等于 BBB 级。

高信用评级：资产加权平均信用等级为 AA 级或更高。

参 考 文 献

Kaplan, Paul D. Holdings-Based and Returns-Based Style Models. Morningstar Research Report, 2003.

Rekenthaler, John, Michele Gambera and Joshua Charlson. Estimating Portfolio Style in U.S. Equity Funds: A Comparative Study of Portfolio-Based Fundamental Style Analysis and Returns- Based Style Analysis. Morningstar Research Report, 2004.

Sharpe, William F. Asset Allocation: Management Style and Performance Measurement. *Journal of Portfolio Management*, vol. 18, no. 2, 1988: 7–19.

第二部分

案例分析和基金经理访谈

第 6 章

GIC——以长期投资方法管理新加坡的金融储备

柳秉捷, CFA

谭超杰

张永水, CFA

新加坡政府投资公司（GIC）成立于 1981 年，是一家由新加坡政府全资拥有的企业。该公司旨在保持和提高新加坡金融储备的国际购买力。

GIC 成立之初，新加坡还是一个年轻的国家。自 1965 年独立以来，新加坡政府务实的经济政策和审慎的财政立场为其带来了持续稳定的收支和预算盈余，从而造就了新加坡储备的快速增长。

事实上，到 20 世纪 70 年代末，新加坡金融储备的规模已经超过了新加坡货币委员会所需的规模，也超过了新加坡央行管理新加坡元浮动汇率所需的规模。于是，政府决定将部分储备交由 GIC 进行长期投资管理，与央行内部的储备分开。GIC 的任务是通过投资长期、高收益的资产，从长期资本增值中获得良好的收益。最初，这个储备池计划成为新加坡的"应急基金"——一种防范可能对新加坡经济造成不可预见冲击的安全措施。GIC 管理的储备的一部分收益也用于补充新加坡的年度预算。

6.1 GIC 的职责——为 GIC 定义成功

GIC 公司的客户——由财政部代表的新加坡政府，希望 GIC 在规定的风险限度内，跑赢全球通货膨胀，实现良好的长期收益。[1]GIC 的职责具体体现在 3 个重要的方面：

① 政府对 GIC 的要求包含一个实际收益目标，确保储备的购买力不会随时间的推移遭受通货膨胀的侵蚀。

② 强调长期收益，GIC 的投资期限应与其客户保持一致。这使 GIC 能够专注于长期收益，不必为应付短期市场波动而调整投资组合。实际上，GIC 的业绩评估是以总投资组合 20 年期为基础来衡量的。

③ GIC 投资组合的管理目标是最大限度地提高预期收益，同时尽量减少造成永久性损害的可能性。[2]与此相对应，组合的一个风险参数为组合价值在一段时期内可能下跌的程度。这一风险参数，连同其他风险约束，如主动风险预算等，都是为与 GIC 的长期投资特性保持一致所设定的。

此外，GIC 的客户已经为其指定了一个参考组合。该参考组合由 65%的全球股票和 35%的全球债券（65/35）组成，是一个普遍接受的符合客户风险承受能力的替代方案。也就是说，参考组合并不是 GIC 的短期业绩或投资基准。

1　新加坡财政部网站：http://www.mof.gov.sg。
2　GIC Annual Report, 2015/2016.

在结构良好的投资框架下按制度开展投资,再加上稳健的风险管理流程,客户和 GIC 相信公司可以履行其职责(上述第①、②和③点)。客户和 GIC 也都期望 GIC 组合能因此在 20 年期限内超越参考组合。接下来我们将详细阐述这个投资框架。

6.2 GIC 的投资框架

GIC 的投资框架随着该组织以及整个新加坡的成长和发展而演变。在最初的几年,GIC 的投资立场是保守的,专注于建立一个强大的投资机构。其投资组合拥有更多的债券,主要投资于公开交易的金融产品。随着 GIC 投资能力的增强,更多的市场和金融资产被纳入投资组合中。GIC 投资组合的风险和收益状况也发生了变化。相对于短期流动性需求,GIC 投资组合更加注重长期、代际的收益,如图 6.1 所示。

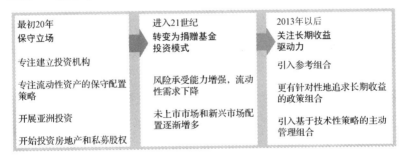

图 6.1 GIC 投资框架的主要变化

在 2012 年,GIC 对其投资框架实施了全面审核,以应对在一个极具挑战性且日益复杂化的投资环境中管理一个多资产、多战略组合的局面。这一"新的投资框架"旨在清晰地展现以下内容：

① GIC 组合收益的多种驱动因素；

② GIC 组合的投资期限；

③ 如何围绕投资决策和收益归因实现强有力的治理。

GIC 投资组合的结构（如图 6.2 所示）巧妙地囊括了上述 3 点。在这个结构中，GIC 投资组合在概念上可以分为两个部分。

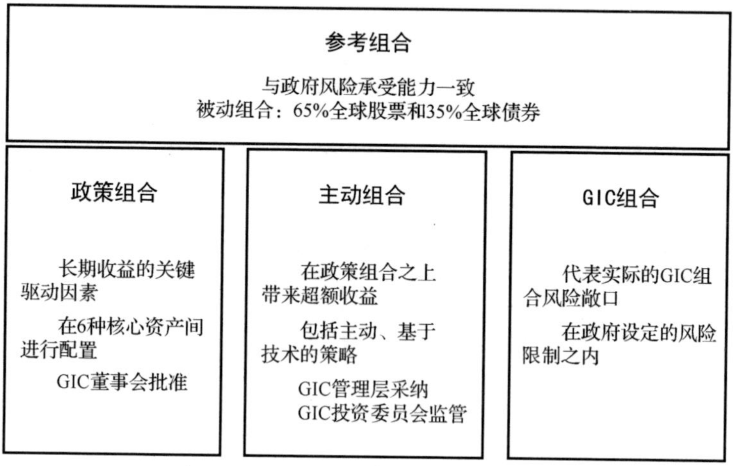

```
┌─────────────────────────────────────────────────┐
│                   参考组合                       │
│             与政府风险承受能力一致                │
│       被动组合：65%全球股票和35%全球债券         │
└─────────────────────────────────────────────────┘

┌──────────────┐  ┌──────────────┐  ┌──────────────┐
│   政策组合    │  │   主动组合    │  │   GIC组合    │
│              │  │              │  │              │
│  长期收益的关键│  │ 在政策组合之上│  │ 代表实际的GIC│
│  驱动因素    │  │ 带来超额收益  │  │ 合风险敞口   │
│  在6种核心资产│  │ 包括主动、基于│  │ 在政府设定的风│
│  间进行配置  │  │ 技术的策略    │  │ 险限制之内   │
│  GIC董事会批准│  │ GIC管理层采纳 │  │              │
│              │  │ GIC投资委员会监管│ │              │
└──────────────┘  └──────────────┘  └──────────────┘
```

图 6.2 GIC 投资组合的结构

（1）政策投资组合

政策投资组合的构建是为了从核心大类资产中获得长期的系统性风险溢价。对于 GIC，已经确定了 6 个核心大类资产：发达市场股票、新兴市场股票、名义债券和现金、与通胀挂钩的债券、私募股权和房地产。资产类别的分散化有助于改善该组合整体的风险收益状况。

政策投资组合的构建是为了捕捉全球环境结构性变化所产生的不断变化的、长期的风险溢价。因此政策投资组合不会根据市场周期而频繁地进行调整。不过，GIC 会定期审核该组合，判断是否需要做出一些改变。

同时，纪律严明的再平衡制度，将帮助保持这一资产组合的稳定，并实现长期的良好业绩。

从治理的角度来看，政策投资组合是由 GIC 管理层推荐，并得到 GIC 董事会批准的。该组合的业绩以 20 年为时间窗口予以评估。

（2）主动投资组合

虽然政策投资组合本身有助于获得系统性的长期风险溢价，但 GIC 认识到，有必要在政策投资组合基础上增加价值，以提高实现 GIC 总目标的可能。考虑到未来 10—20 年的资产收益前景与 1980—2000 年的 20 年相比更加黯淡，这一点显得尤其重要。事实上，GIC 预计，由于前所未有的低利率、全球温和增长前景和高资产估值，政策投资组合和参考组合的预期未来收益率都将较低。因此，主动投资组合对 GIC 总收益的贡献将变得越来越重要。

本质上，主动投资组合是由 GIC 所有的主动策略所组成的，每一部分都旨在获得超过各自特定业绩基准的超额收益。主动投资组合和政策投资组合之间的一个关键区别是各自的投资期限。政策投资组合的目标是获得长期风险溢价（20 年或更多），而由主动投资策略组成的主动投资组合，希望在 5—7 年内获得超额收益，它与政策投资组合的资产收益的相关性很小。

作为一个整体，主动投资组合的目标是在政策投资组合之外增加收益。这个目标是通过 GIC 的"资金成本"系统——GIC 内部整体投资框架的一个组成部分来实现的。GIC 投资委员会的任务是监管主动投资组合。

（3）GIC 投资组合

GIC 投资组合代表了 GIC 在任何时候的实际投资持仓。GIC 投资组合的收益是政策投资组合的收益和在政策投资组合之上由主动投资组合产生的超额收益之和。这个期限 20 年的总组合收益是由 GIC 负责的。需要强调的是，GIC 最重视的是长期总投资组合的收益，同时在考虑现有信息后，GIC 也会根据有利的风险收益状况进行单独的投资。我们知道所有投资都是有风险的，有一些投资不可避免地无法达到我们的预期。我们认识到某些投资会造成亏损。GIC 对每一笔单独投资的亏损都非常重视，并希望从每一次这样的事件中吸取教训。不过我们认为，保持我们的长期方向，承担经过测量的风险，并在有纪律的再平衡过程中管理分散化的投资组合，是让整个投资组合取得良好的长期实际收益的最佳方式。

如前所述，参考组合是投资框架的一部分，尽管它本身并不构成 GIC 投资组合。参考组合作为一个被动的投资组合，与客户的风险承受力是一致的。从结构上看，参考组合比 GIC 投资组合的波动性更大，因为后者更为分散化。

GIC 投资组合的整体架构（图 6.3）明确指出了 GIC 希望获得的不同收益来源，并明确描述了 GIC 各部分围绕投资决策的相关职责。重要的是，政策投资组合（beta）和主动投资组合（alpha）之间的分离，使人们能够更好地理解和管理整个 GIC 投资组合的收益和风险。

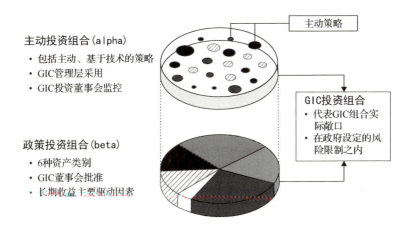

图 6.3 GIC 投资组合的整体架构

下面的讨论将提供更多关于构建政策投资组合和主动投资组合的基本原则的详细信息，并说明为何它们在整个 GIC 投资组合的体系中如此重要。

6.3 政策投资组合

回顾一下，政策投资组合的目标是通过核心资产类别敞口获得长期的系统性风险溢价。就时间期限而言，政策投资组合与客户的总体目标一致，即在受风险约束的情况下，在 20 年内获得良好的实际收益。政策投资组合代表了 GIC 投资组合的大部分整体风险。

因此，政策投资组合中资产类别权重的任何变动都需要由 GIC 管理层推荐，并获得董事会的批准。

以下这些原则决定了政策投资组合的构建。这种构建方法允许政策投资组合中的大类资产整合在一起，从而最大限度地增加获得长期良好实际收益的机会。

(1) 稳健性

未来本质上是不确定的。GIC 的管理层和董事会都认识到，在预测市场和宏观经济环境的行为时，需要保持谦逊。因此，政策投资组合的目标是满足客户在一系列合理的市场场景中的要求。对于一个特定的结果，政策投资组合可能并不是收益最高的那个组合。但是，在一系列可能的市场表现下，政策投资组合的目标是带来合理而良好的实际收益，无论最终会出现什么样的具体结果。我们承认，考虑每一种可能的情况是不现实的，但是在一个不确定的世界中，采用一套合理的情景假设来测试其稳定性，是更加审慎的做法。此外，GIC 也会根据各种极端情况进行压力测试，用来确定尾部事件对投资组合的影响。这些分析的结果为投资组合的构建过程提供助力。

(2) 分散化

政策投资组合的构建目标是实现相当程度的分散化，从政策投资组合的各个资产类别的不同特点中获益。例如，GIC 投资组合旨在通过投资公开市场股票和私募股权等成长性资产获得良好的长期收益，但也会通过投资高质量的名义债券等防御性资产以防范下行风险。

根据定义，在某些情况下，诸如政策投资组合这样的分散化投资组合的表现将不及更加集中的投资组合。过去5年的情况正是如此——由于发达市场股票在这段时间表现非常强劲，特别是在美国，政策投资组合表现差于那些侧重于投资发达市场股票的组合（例如参考组合）。但是在熊市中，政策投资组合的表现则会更好。从长远来看，一个充分分散的投资组合是安全和增长的最佳组合，并最有可能帮助GIC完成自己的任务。

（3）具有良好的长期收益潜力

政策投资组合的构建必须在保持前瞻性的基础上，使其投资组合具有良好的长期收益潜力。在实践中，这需要谨慎地挑选资产类别——只有那些能够提供良好长期收益的资产类别（即使它们在较短的时间范围内是随时间变化的）才应该被纳入政策投资组合中。唯一的例外是防御性资产。纳入这类资产是为了增强政策投资组合整体的稳健性，并确保政策投资组合的风险特征在预先指定的范围内。

政策投资组合试图捕捉的这些长期风险溢价一般源于投资者的风险厌恶和流动性要求，由企业或政府收入支撑。长期收益还受到市场因素、初始估值、投资者行为趋势、市场结构变化以及资产价值回归某种"均衡"水平的趋势影响。在GIC对政策投资组合的定期审核中，我们会仔细分析这些因素，确定每个资产类别的预期长期收益是如何受到影响的，以及随之而来的对最优政策投资组合的影响。GIC管理层也在持续地监控投资环境，决定是否将其他资产类别纳入政策投资组合中。例如，高收益信用债曾是政策投资组合潜在的资产类别，但经细致地分析后，GIC得出结论认为，高收益信用风险不满足被纳入政策投资组合的标准。

(4) 坚持风险限制

GIC 投资组合的风险限制会影响政策投资组合的构建。这是因为政策投资组合是 GIC 投资组合风险的主要贡献者。通过纳入一些防御性资产敞口，如名义债券和通胀挂钩债券，政策投资组合的整体风险可以被降低。

决定政策组合资产类别权重的过程是定性和定量相结合的。最终被采用的投资组合在很大程度上取决于每个资产类别的前期收益表现和风险预测。候选投资组合会在一组前瞻性的场景中，根据上述标准进行构建和测试。最后，通过平衡风险因子、稳健性和收益，并考虑各类资产的市场容量和行业限制，选择恰当的政策投资组合。图 6.4 展示了政策投资组合的构建过程。

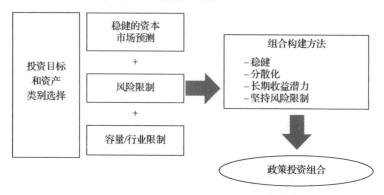

图 6.4　政策投资组合的构建过程

6.4　主动投资组合

如前所述，主动投资组合可以为政策投资组合带来额外的收益。主动投资组合的构建受到 GIC 董事会设置的风险预算监管，风险预算决定了主动投资组合可偏离政策投资组合的最大程度。此外，GIC投资委员会监管整个主动投资组合。

在GIC投资框架中，每一种主动策略都以一个基于技能、增值的投资机会来取代政策投资组合中的部分被动敞口。简单理解就是，将政策投资组合中的部分资产出售，然后将获得的现金转移到一个主动投资策略上。这个主动投资策略预期会带来高于其"资金成本"的收益，即GIC本可以从出售的被动投资中获取的收益加上承担额外风险的溢价。

换言之，"资金成本"系统为主动投资策略提供资金，旨在将每个策略中的系统性风险（由"资金成本"代表，即为资助该策略而出售的被动资产的收益加上承担的额外风险的溢价）与由策略技能带来的收益（由"资金成本"之上的附加值代表）分开。这种风险匹配方法有助于确保主动投资策略不会对整个投资组合的风险特征产生重大影响。

在构建过程中，以下设计原则支配着主动投资组合的构建、主动投资策略构成部分的选择及其头寸分配。

（1）为GIC投资组合增值的能力

如果主动投资策略的预期收益能够覆盖以下成本，则被视为有事前增值性：

① 该策略所替代的被动资产收益；
② 所有商业运营成本及费用；
③ 对冲费用，如果有的话。

此外，该策略的风险调整后预期正超额收益必须优于其他策略，这以证明了该主动投资组合配置是合理的。

(2) 策略的可扩展性

在进行配置之前，主动投资组合中的策略需要在规模上有合理的可扩展性，即使其在百分比上具有更高的增值潜力。这是出于以下原因：

① GIC 组合的总规模很大，远远超过 1000 亿美元。一个策略需要能够扩展到一定的规模，才能对 GIC 投资组合的总收益产生明显的影响；

② 如果一个策略的最大规模太小，就很难证明调动人力和相应的设施来执行这样的策略是合理的。

(3) 分散化和风险特征

由于"资金成本"系统对主动策略提供资金，整个主动投资组合本质上应该是不相关的 alpha 收益的集合。因此，主动投资组合不仅需要分散化，而且要与政策投资组合有较低的相关性。

持续、稳健地评估主动投资策略（以及整个主动投资组合），对于确保主动投资组合在规定的风险范围内达到业绩目标至关重要。而且，主动策略的评估时间比政策投资组合的时间更短，前者的平均周期为 5—7 年，具体取决于每种策略的性质。

策略团队和 GIC 管理层必须对市场结构、宏观经济趋势和投资者行为的变化保持足够的警惕，因为这些变化可能会使策略失效。在这种情况下，需要有既定的程序来缩减或结束此种策略，并将资金重新部署到具有更强增值潜力的其他策略上。此外，还要有一个监测流程，提醒策略团队和管理层注意策略风险特征发生的根本性变化，以便对监督和管理策略风险的方式做出适当的改变。

另外，尽管某一特定策略的投资主题和市场前景非常被看好，但 GIC 本身可能不具备采用这一策略的专业知识。在这种情况下，我们可能会选择外部管理人来获得超额收益。作为一项基本原则，为某一特定策略选择内部管理人还是外部管理人，是基于扣除成本和费用后的"最佳采购"原则客观做出的。

构建及评估主动投资组合的原则，确保了主动投资组合将持续给 GIC 投资组合的总收益带来贡献，但不会大幅增加其风险。关于主动投资组合给整体组合带来的好处，图 6.5 提供了一个很好的例证，增加与政策投资组合无关的 alpha 给总组合带来了更好的风险收益特征。此外，alpha 和 beta 分离的投资框架还使 GIC 各个策略团队能够更准确地做出业绩归因，也有助于更细致地理解整个投资组合的各种收益来源。

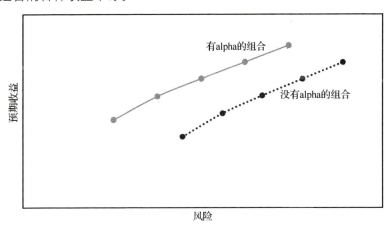

图 6.5 增加 alpha 的好处

每条有效边界上的点均代表了公募与私募市场的不同风险资产配置。图中名为"有 alpha 的组合"的有效边界对应的点是由与政策投资组合零相关的主动投资组合加总得到的。假设每个主动投资组合代表了总组合规模的 70%。在任意情况下，加上主动投资组合会使有效边界向上并向左移动，意味着在同等风险水平下，提供了更高的预期收益。

6.5 GIC 的优势

虽然强有力且稳健的投资框架对于 GIC 实现良好长期实际收益目标至关重要，但 GIC 也认识到，投资框架只有在良好的流程、制度和人员的支持下才能发挥真正的作用。以下投资理念和 GIC 的组织文化进一步夯实了 GIC 的投资框架，并使 GIC 能够获得其他投资者无法获得的投资机会。

（1）长期投资视角

能够进行长期限投资是 GIC 的一个关键优势。GIC 组合的长期性和分散性，加上健全的治理和风控流程，使 GIC 能够经受住短期市场波动和严重市场危机的冲击。我们的投资框架和流程也让 GIC 能够抓住市场低迷时出现的机会，在短期情绪前采取反向操作，以获得长期风险溢价。GIC 代表着大量稳定且耐心的资本，这让我们成为有吸引力的投资者。

（2）清晰的治理结构

GIC 的投资框架给出清晰的治理结构，明确了组织内的责任划分。明确的角色定位使 GIC 的每一位专业人士都能专注于自己的专业领域，并确保好的业绩表现会被准确地归因和奖励。

（3）健全的风险管理框架和注重风险的文化

GIC 的风险管理框架，为公司从董事会到投资团队各个级别承担的风险设置了合理的可靠性与责任系数。一个专门的风险和业绩管理部门将对业绩和风险进行定期监测，以确保所有投资风险在规定的阈值之下，并找出不符合目标风险和收益假设的投资组合。此外，GIC 还拥有监督和防控风险的流程。GIC 的目标是不断加强各级组织的风险意识。因为我们相信，有效的风险管理框架是带来良好组合投资收益的基石。

（4）合作文化

作为一名多资产投资者，GIC 拥有投资多种资产类别的专业知识，合作是 GIC 文化的重要组成部分。在这种文化中，来自不同资产类别的团队可以将资源集中起来协同投资。这种跨资产投资的能力，使 GIC 的主动投资策略可以发现并参与许多他人无法获得的投资机会。

（5）具有全球化经验与技能的人才库

GIC 是一家全球化的投资组织，在世界各地设有 10 个办公地点，拥有经验丰富的投资和商业专业人士。全球化和专业知识的结合使 GIC 能够与全球主要金融市场保持密切联系，通过"接地气"的方式发现投资机会，并与全球关键利益相关者建立关系。

6.6 小结

投资本质上是一项有风险的业务。我们认为，全球市场的波动性和不稳定性将会上升。在此背景下，在稳健的风险管理框架和清晰的治理结构下进行长期分散化投资，对于像 GIC 这样的全球大型长期投资者而言是最谨慎的做法。

第 7 章

基金经理访谈：
DENNIS STATTMAN, CFA

曹实，CFA

Dennis Stattman，CFA，贝莱德集团（BlackRock）多资产投资策略团队顾问。Stattman 先生在这家公司的服务可以追溯到 1989 年，他最早加入的是美林投资管理公司（Merrill Lynch Investment Managers，MLIM）。在 2006 年美林投资管理公司与贝莱德合并。Stattman 先生加入美林投资管理公司后，一直担任美林全球配置基金的基金经理。他曾是贝莱德全球运营与领导委员会的成员。1989 年至 1996 年，他还担任了美林特别价值基金的基金经理。在加入美林之前，Stattman 先生曾任 Meridian 管理公司的研究总监及世界银行的养老金投资主管。他拥有美国弗吉尼亚大学理学学士学位，以及美国芝加哥大学 MBA 学位。

7.1 初心

曹实：我第一次注意到您的基金，是在我管理类似产品时。当时我们有一支团队，专注于资产配置和挑选管理人。每一位被选中的基金经理都丰富的资源，但是他们只管理基金的一部分。您的团队管理着全流程，并且您的基金也一直独树一帜。您当初的想法是怎么来的呢？

Dennis Stattman：这个想法始于 1988 年美林的一次会议。参会的除我之外，还有我的前投资搭档 Bryan Ison，我在美林的第一任上司、股票基金投资主管 Norman Harvey，以及公司总裁 Arthur Zeikel。Zeikel 写过一本关于投资组合管理的书，被 CFA Institute 纳为教材多年。

我们的出发点是希望设立一只能让客户免受诸如 1987 年股市崩盘冲击（和本金损失）的共同基金。首要的思路是，相比大多数共同基金，这只基金要在风险和收益的权衡方面更加谨慎。

第二个思路同样源于 1987 年的股灾，因为当时的情况告诉我们市场会出现严重的偏离，具体表现为长期利率会在危机发生前快速上涨，并打破股票定价的理论和基础原则。但在当时，投资者倾向于在非常有限的资产类别中进行投资，所以我们希望设立的基金不仅可以自由投资，而且可以涉猎多资产类别，利用不同资产类别间的定价偏差获利或避险。

第三个思路，同时我认为也是我个人主要的贡献，是我们采取了全球化的定位。当时，市场上已经出现了国际化的投资产品，它们被认为是非常前沿的。我曾有幸于 1980—1984 年间，在华盛顿为世界银行的养老基金工作。在那里，我们是高度全球化的。我们也进行了很多资产配置相关的工作，这些经历使我具备了全球资产配置的思维体系。

第 7 章 基金经理访谈：DENNIS STATTMAN, CFA

最后一点，也是我认为非常重要且独特的一点：我的同事 Bryan Ison 和我都是自下而上选股法的坚定践行者。这一点起到了很特别的作用：我们将自上而下的资产配置方法和自下而上的选股方法结合了起来。

在一开始，我们便能够清晰表达自己的方法和价值定位，并用一句话概括：我们管理着一个非常分散化的投资组合，包含全球股票、债券和现金等价物，在带来有竞争力的收益的同时，其风险大幅低于纯股票基金。虽然这听起来很简单，其实也不复杂，但在当时却是一个激进的想法。

曹实：而且实际操作难度很大。

Dennis Stattman：的确不容易。我和贝莱德的前同事 Ken Kroner 曾经接受过一次公司内刊有关全球多资产投资的采访。采访者问道："这种投资方式非常有意义，但为什么不是每个人都采用呢？"一阵沉默之后 Ken 说："因为这很难！"

事实上，正因为在很多方面多资产投资都是一件好事，在执行层面的困难也会是多个方面的。多资产投资的确会带来很多机会，但实施起来也需要大量的工作和不断进化的工具箱。你会处在一个竞争激烈的环境中，在那里你会接触到证券市场的多个领域。你必须非常谨慎，因为你是作为一个通才在工作，而在很多市场领域中，都有一些在他们的整个职业生涯中都专注于该领域的专才。

我总是提醒我的团队必须时刻保持警惕，并坚持自己的投资策略。不要玩别人的游戏，因为当你还是一个刚入行的新手时，你肯定不希望和一个"24/7"在线的老手对垒。所以，这其中的确存在着一定的"矛盾":一方面你需要成为一个高效的"通才",能够把握各类机会;与此同时,你又必须非常小心,不要超越你的能力范围,在你不擅长的特殊市场机会中做决策。

曹实: 非常棒。你们首次会议的故事很吸引人。你提到的要素都是管理多资产策略产品的核心。在你的故事中,那位采访者意识到这可以是每一位投资者都能采用的投资策略,这也正是本书的真正目标所在。我们希望向投资者强调多资产策略的优点,让每一位投资者看到这是一种很好的方式,甚至或许应当是唯一的方式。

7.2 成长

曹实: 管理这样一只产品面临的挑战是巨大的。你需要同时具备量化分析和基本面研究的能力。你需要了解所有种类的股票和债券的人才。你是如何组建这样一支团队的?团队中基金经理和分析师是如何分工的?此外,我也很想了解 Bryan 的背景。

Dennis Stattman: 我想我应该从职业生涯中遇到的最大困难讲起,那就是 Bryan 在 2002 年因伤残而退休。幸运的是,那时我们已经建立起了一支团队。当时我们有 12 人左右,当中一些经验丰富的分析师挺身而出,承担了更多的责任。这对我们帮助很大,对我们所有人来说,那都是一段个人和职业生涯的困难时期。我仍会和 Bryan 探讨市场情况,他只是不再是团队的正式成员而已。

Bryan 和我一直都是好搭档。当年全球配置基金刚刚设立之时,与我们合作的还有另外 4 支投资管理团队：一支现金管理团队，专门负责所有的短期投资；一支固定收益团队，负责固定收益投资中个券的选取；一支负责欧洲市场的团队；一支负责太平洋地区市场的团队。后两者只负责相应区域的个股选取工作。之后，我们开始逐步把这些工作拿到团队内部来做，首先是固定收益的部分，欧洲和太平洋地区的股票配置则花了大约几年的时间。

曹实：能否详细介绍一下，你们当时是如何接手固定收益投资的？

Dennis Stattman：当时有两个基金经理负责这部分的投资，他们具有较强的分析和投资外汇的能力。我们很快发现自己其实可以做得更好，然后我们立刻就去做了。Bryan Ison 承担了其中大部分的工作。

这本来是一项相当简单的工作，直至 20 世纪 90 年代垃圾债危机爆发。那时，由于监管规定的改变，保险公司、储蓄信贷机构被迫剥离大量的垃圾债券，强制性的卖盘造成了巨大的价格错位。

这给了我们一个买入垃圾债的机会。我们就用看待股票的角度来看这些垃圾债，用上了自己分析股票的能力。当时，整个团队只有 3 个人：Bryan Ison，Steve Cohen 和我。1991 年，我们招募了第一名分析师 Karen Morley，团队自那时正式建立起来。

曹实：当时你们有哪些可以利用的投资工具？

Dennis Stattman：正如市场环境和技术工具随时间一直演变一样，我们所使用的投资工具也随时间发生了巨大的变化。1989 年的世界与现在截然不同。当时我去美林上班时还带着自己的电脑，因为在那个时候，电脑还不是常见的办公工具。

曹实：当时你的电脑应该还是 386 的吧？

Dennis Stattman：没错，那是一台很原始的电脑。我们最初的投资组合信息系统是自己创建的 Excel 表格。

在最初的 3 人团队中，有两个人还需要同时负责其他的产品。我们第一只基金的管理规模是 1.29 亿美元。现在，我们管理着 11 种产品，管理规模则超过 780 亿美元。除了个别特例之外，所有的产品都采用同样的策略，只是分别隶属不同的监管环境。我们发展为一支超过 56 人的团队，所有人都致力于全球化配置。相比一般的"母基金"策略，我们分析投资组合历史表现时会兼顾自上而下和自下而上两种角度。考虑到贝莱德所掌握的丰富资源，我认为我们拥有业内最好的投资工具，包括最好的多资产风险分析能力。

曹实：我们很有兴趣了解，你们的投资能力是如何伴随行业发展逐步演变的。

Dennis Stattman：我认为这其中包括了 3 个阶段。第一阶段我称为"黑暗时代"，这个阶段一直持续到 20 世纪 90 年代末。这期间所有事情只能完全依靠自己。我认为我们大部分时间都做得很好，但那是一种很原始的状态。第二阶段我称为"美林风险分析能力期"。在这一阶段，我们开始从公司获得一定的帮助，但是与今天在贝莱德所获得的帮助相比，那也是一种很基础的状态。第三阶段我称为"贝莱德 RQA（风险与量化分析）期"，即在这一阶段，我们开始使用贝莱德的企业风险分析工具。我们就是这样一步步演变的。

我必须补充说明，这是一个非常动态的情景。贝莱德给我们提供的工具，我们与 RQA 的关系也是持续演变的。对于需要结合市场现状来解答的问题，我们会使用贝莱德现成的分析工具，同时做持续的特定风险分析。

贝莱德提供了非常强大的风险分析能力。更重要的是，贝莱德开发了自己的多资产风险引擎。在我们这个行业中，大多数的风险分析实际上都是基于他人的风险分析引擎，而这些引擎通常是为股票或债券开发的，并非基于多资产投资。

曹实：缺乏多资产风险分析工具是一个非常重要的问题。

7.3 过程

曹实：你曾经说过想要在不同的人类资产之间自由切换，这一自由度有多大？是否会随着时间而改变？

Dennis Stattman：我们的自由度很大。作为一只共同基金，我们一开始受到的限制是要符合1940年的《投资公司法》（原文为1940 Act mutual fund，指 Investment Company Act of 1940），还有随之而来的监管条例。但实际的限制来自两个方面，而这些限制其实完全可以接受，我们可以与之共存。第一，除去极少数的个例，我们只能投资证券产品。我们不能投资实体房地产；我们可以投资 REIT（房地产信托基金）但不能是其底层的实物资产。另一个限制是，我们不能加杠杆。换句话说，我们不能借钱或使用衍生品，从而让我们投资的金额超过本金。我要补充一个限制：我们必须对投资组合中的所有资产进行定价，因为我们是一只每日开放的共同基金。换句话说，只要纽约证券交易所开市，人们都可以买卖我们的基金，因此投资组合中的每一笔投资必须有定价机制。这就是我们面对的一些限制，但在这些限制下，我们仍然有很多的投资选择。

曹实：你们是如何决定单笔投资规模的？这与你们如何兼顾自上而下的理念和自下而上的选股方法有关。

Dennis Stattman：这是一个非常好的问题。这恰好涉及很重要的一点，我们的投资方式是随着时间不断发展的。我快速解释一下，早在20世纪90年代，我们就使用一种比较初级的方法，将资产组合、货币组合和国家权重与基准进行比较，按照绝对值来检验我们的证券权重。

一直以来，我们都避免在任何单个证券上下大赌注。我们曾经配置过的单只股票的最大权重，可能仅略高于2%。那只股票在当时看，有一些特别的机会，而且非常安全。今天，影响权重的因素仍然来自定量和定性两个方面。但我们的量化分析能力得到了长足的发展。事实上，当前我们可使用的工具即便是与几年前相比也丰富了许多。

构建投资组合权重的方式也发生了很大的变化。我们团队中有一个PCC（portfolio construction center）小组，即投资组合构建中心，他们负责收集所有有用的信息，使我们在风险预算内能够设计和建立最有效的投资组合。该小组还要确定我们如何最有效地与市场进行每一笔交易，因为这其中涉及的资金量是非常庞大的。

曹实：你们的投资组合一定没办法频繁调仓。

Dennis Stattman：当前，我们管理着780亿美元的资产，1%的调仓操作就意味着超过15亿美元的交易。在做出调仓决定时，你必须清楚地知道自己在做什么，从而避免扰乱市场。当然，还是

第 7 章 基金经理访谈：DENNIS STATTMAN，CFA

有一些聪明的执行方法的，一些高效且实惠的方法。

假设我们准备增加组合中美国股票的敞口，我们可以买入个股，也可以买一篮子股票。这一篮子股票可能来自整个市场，也可能是市场中的某个板块：行业板块、因子板块、地域板块，或上述板块的组合。我们可以购入期货合约，可以进行期权交易或期权价差交易，同样，也可以进行总收益互换。我们不会经常进行上述交易，只是希望告诉大家，当我们决定对投资组合进行调仓时会考虑一系列可能的选择。我们的投资组合构建中心会通过分析找出最好的交易方式。最终的决定是由基金经理做出的，但在此之前他们会从投资组合构建中心那里得到信息和支持。

曹实：我们也坚信这一点。CFA Institute 的课程就是为了训练大家成为多资产投资团队的一员。我们真正是在培养大家掌握所有相关的技能。

可否详细介绍一下你们的风险预算？

Dennis Stattman：一开始，我们甚至不知道风险预算这一术语意味着什么。它是"我们与市场基准有什么区别？"答案是"有很大的区别"。一个特定的区别会让我们陷入困境吗？在什么样的情况下会陷入困境？我们对市场的认识可以深入到什么程度？有时，我们的股票持仓只达到基准的一半；有时，债券持仓只达到基准的一半。我们的基准是持有 60% 的美元敞口，但在最高时曾达到大约 93% 的水平。与基准相比，我们曾经在某些资产上进行过大的押注。在刚开始设立基金时，我们的投资组合中有 200 只证券，现在一般超过 700 只。

所以，风险预算是一个我们现在经常使用的概念。应用它，我们的回撤明显小于整个股票市场。当然，部分原因在于我们是价值投资者。此外，过去我们常常会选择一些固定收益证券，例如高收益债券或是新兴市场债券，它们可以带来接近股票的收益，而风险要小得多。但是这样的日子已经过去了，至少目前是如此。

需要补充一点，我们始终在市场中寻找合适的投资机会。我们的基金经理和分析师坚持采用多资产策略。我鼓励他们去寻找在各种资本结构下，风险与收益的最优平衡点。

曹实：当调整投资组合时，你是在固定的时间进行调整，还是会在机会出现时调整？如果进行自下而上的调整，那么自上而下的投资观点在决策中会产生多大的影响？

Dennis Stattman：我们有能力每天都对投资组合进行调整，但通常是小幅渐进的调整，这些大多是自下而上的。我们每周至少会举行一次全体会议，自上而下地对投资组合进行一次全面分析和讨论。不过实际上，这种对话和讨论是持续性的。

自上而下的调仓往往只涉及整个投资组合的 0.1%—1%。基金经理会将调仓计划和如何执行调仓的想法一起与 PCC 进行沟通。PCC 将对此进行评估，并给出他们认为的最佳方式，以及这些调整是否会产生任何一种意想不到的影响。通常情况下，投资组合的调仓会在 1—3 天内完成。

曹实：当你希望进行一次计划外的投资，或是一次战术性的自上而下的调整时，你的参考是什么？如果调整完全是自下而上的，那么从自上而下的角度来说，其参考又是什么？

第 7 章 基金经理访谈：DENNIS STATTMAN, CFA

Dennis Stattman：我们分两方面来看。我们的参考基准是 36% 的美国股票、24% 的非美国股票、24% 的美国固定收益投资和 16% 的非美国固定收益投资。我们设定这一基准的原因在于，当年参加会议的 4 人在基金建立之初就确定"希望建立一只风险水平为 60% 股票和 40% 固定收益的全球基金。我们大部分的客户都使用美元投资，因此我们将基准设定为 60% 美国和 40% 非美国"。

曹实：你们的基金做了外币投资，而这是很多其他类似基金不会做的选择。请谈一谈你们外汇对冲策略成功或是失败的例子。

Dennis Stattman：我们认为外汇市场中会不时出现重大的投资机会。我们的外汇敞口变化很大。最低的时候 40% 为美元，最高的时候 93% 为美元。我们考虑的是其价值。

客户将我们的基金视为一只美元计价的基金。美元在某个时期会非常强势。金融危机之前，我们经历了一段弱势美元的时期。当时我们的美元仓位很低，我们的客户也因此收获颇丰。之后，基于相关国家的货币政策、经济表现以及当时的美元走势，我们决定做出改变。我们开始大幅加仓美元。这一过程包含了很多艰难且耗时的决定和交易。

曹实：的确是这样。一些人认为外汇交易的难度比投资股票或债券更大。

Dennis Stattman：看上去的确是这样。但我们并不是试图捕捉每一次外汇走势的变化，而是希望正确判断外汇市场的长期走势，这相对容易一些。举例来说，判断日元是会涨到 112 还是会跌至 120 是很难的，但知道日本央行不希望日元走强的意图，常常并非难事。

曹实：你们的基金还具备做空的能力。可否介绍一下你们成功做空或失败的例子？

Dennis Stattman：做空有两种不同的方式。一种是简单的指数对冲，这不是真正意义上的做空。真正意义上的做空是做空个股。我们能用组合全部净资产的20%去做空个股。在金融危机发生前和发生期间，我们毫不犹豫地进行了做空操作。这在市场走下坡时真的很有帮助。当市场趋于正常，我们一般不会做空个股。

过去一年至一年半中，我们要求团队更多地去寻找可以做空的标的，因为我们相信美国股市会在未来经历一次调整，虽然我们不知道具体是哪一天。美国股市当前的周期性调整后市盈率为26倍。从历史上看，这一估值水平已经不再适合长期投资者入场，而我们正是长期投资者。

但周期性调整后市盈率并不是判断股市中短期走势的绝佳工具，因此我们试图找到一些从风险收益角度看缺乏吸引力，或是基本面正在恶化的个股，我们会将这些个股作为做空的标的，同时也用来对冲组合中的多头。我经历过科技股泡沫和抵押贷款泡沫。因此，我认为当市场陷入盲目状态时，根本无法预测其疯狂程度，对此我深信不疑。经历过1999年的人会明白这一点。美国股市现在正处于盲目的状态，我不想我们在其他人还在疯狂追高时因为做空而损失惨重。但在未来一两年，我想我们会更多地运用我们的做空能力。

7.4 实战

曹实：你们曾经投资过哪些类型的资产？又是如何随着时间成长的？

Dennis Stattman：长久以来，我最重要的心得来自我的前搭档 Bryan Ison。Bryan 曾经说过："大类资产是由投资人决定的。"20 年来，行业对大类资产的看法仅限于股票、债券或现金。而对我们来说，真正的机会来自资产表面之下的子资产类别。因为这些资产常常被错误定价，或是单位风险收益极不正常。

我想举三个例子：①日本股市；②垃圾债券；③美国银行股。其中美国银行股在 1989—1990 年的熊市中价格大幅错位，从而提供了巨大的投资机会。

建立全球配置基金之初，我们最大的问题是如何应对日本股市。现在人们可能很难理解，但是在 1989 年年初，了解日本股市的人很少。日本股市当时是世界上最大的资本市场，同时也被严重高估。然而，尽管日本股市在很长一段时间内被认为估值过高，一些投资者却因为在 20 世纪 80 年代做空日本股市而断送了自己的职业生涯。这就是当时我们面对的局面，日本股市在我们的基准中占据了相当高的比例，我们必须找到应对之法。我们是价值投资者，现实情况下我们应该如何应对日本股市？现在，你会问当时做空日本股市的头寸有多大，我想当时差不多相当于日本股市一半的权重。

我们还需要考虑另外一个因素：选股。我们非常有幸当时能与一支非常出色的团队合作，该团队就是由 Steve Silverman 领导的美林太平洋基金团队。Steve 拥有非常好的投资业绩,他的工位离我们仅 30 米。我们每天都会谈论日本股市,包括一些个股。他的团队为我们管理着一个精选的低风险投资组合,这个投资组合大比例投资一些价值被严重低估的日本非寿险公司,相较于这些公司的净资产以及良好的业绩表现,其市场价格非常低。这就是在日本股市中找到低风险和好估值公司的一个例子。

我们的保护措施是买入看跌期权,这样市场从 1989 年年末到 1990 年年初开始分崩离析时,我们已经有了相应的对冲措施。因此,我们有效地避开了日本股市中泡沫破裂的部分。

我想这三点很好地展示了我们全球配置基金团队的优势。当我们依照权重执行自上而下的投资时,也有自下而上的选股策略,这使我们的日本股票投资组合与日本股市大不相同。利用衍生品工具,我们的投资组合实现了与简单投资指数或股票组合相比不一样的风险收益平衡。28 年前能做到这种程度,我非常自豪。

泡沫化的日本股市是人们需要回避的子资产,而高收益债券和美国银行股这些子资产则有机会为我们提供不成比例的高收益与低风险。关注子资产类别不仅指明了自上而下的投资之路,也指导我们进行自下而上的选股。

一直以来,我们竞争的关键优势之一就是这种自下而上的能力,具体表现在两个方面。首先,这种能力帮助我们找到表现优于市场的个股。其次,这种能力促使我们验证或检查自上而下的整体思路是否符合市场的实际情况。例如,你会发现一个国家的股市看上去非常具有吸引力,于是尝试在市场中寻找具有吸引力的个股,在这一过程中你可能会发现市场的异样,如该市场严重偏向某一行业或风险。当你撇开表面去深入探寻市场时,你可能会发现市场其实并没有那么大的吸引力，也可能会发现市场中有一大批充满吸引力的股票。因此，我们做出投资美国银行股的决策，并不是单纯地依靠自上而下的分析，简单买入一篮子的股票而已。相反，我们深入挖潜，我们与银行管理层进行交谈，就银行的贷款损失与准备金对比形成我们的观点。我们很有信心，机会不仅限于分析估值或整体市场走势，同样可以通过筛选个股的方式发现，而且往往通过这种方式能发现潜力巨大且不同寻常的机会。

曹实：简单总结一下，你认为哪些关键因素让贝莱德全球配置基金走到了今天这个地位？

Dennis Stattman: 我认为最重要的是我们专注于为客户提供出色的投资服务。与市面上典型的股票基金相比，我们的风险更小但持续带来的收益更高，这是我们一直以来所坚持的。我们的基准听起来可能有点过时，但这一基准自基金设立起就再也没有被调整过，因为我们希望保持一致性和可预测性。我们希望更多的客户能够拥有全球分散化资产配置，能够获得符合预期的投资收益并高枕无忧。这听上去很简单，但我们的目标是一直这样做下去。当然，随着科技和市场的发展，我们的方法也会不断发展。至今为止，我觉得我们做得很好。

曹实：基金的长期表现充分证明了这一点。我想说，当年敢于配置40%到非美国市场是非常激进的做法。

Dennis Stattman：我非常感谢两个机构帮助我奠定了专业的投资基础。第一个就是美林。当年，它是市场中进行"国际化投资"的领路人，那时的尝试奠定了全球化投资的基础。我们有幸在贝莱德全球配置基金成立之初，就可以在全球市场进行投资，而大多数的基金经理在当时，甚至现在，可以投资的范围仍然非常有限。

此外，我很幸运曾经效力于世界银行。在世界银行的养老基金部门，我遇到了很多非常出色的同事，他们教会了我如何从全球角度思考问题。从商学院毕业后，能以这样的方式展开职业生涯是非常棒的。这份工作让我具备了无法从其他渠道获得的行业视角。我可以与全球投资行业中最聪明的人进行交流，并有机会定期参与全球化的资产配置讨论。这份工作真是上天的恩赐。

在此基础上，我有幸得到进入全球最大的资产管理公司的机会。在那里，我接触到了最先进的技术和风险管理工具。贝莱德在这条战线上做了大量的工作。最后我想说，能与最优秀的团队一起，共同保持无拘无束的求知欲，就像我们的全球配置基金一样，自由地跨资产、跨地区、跨板块、跨证券和跨币种投资，对我来说真的是最特别的奖励。

第 8 章

基金经理访谈：
BEN INKER, CFA

曹实，CFA

Ben Inker，CFA，GMO 资产配置团队主管，GMO 董事会成员。他于 1992 年获得耶鲁大学经济学学士学位后加入 GMO 公司。在 GMO 公司的这些年，Inker 先生曾先后担任量化权益和资产配置团队的分析师、多只量化权益和资产配置基金的基金经理、国际量化权益和发达市场固定收益团队的联席主管和发达市场量化权益的首席投资官。

8.1 资产配置：GMO 的哲学和方法

曹实：你的团队投资哪些大类资产？团队使用什么标准来做出这些决策？

Ben Inker：原则上，我们投资各种流动性金融资产，而将私人借贷、风险投资或房地产等非流动性资产排除在外。在实践中，我们专注于那些我们知道如何分析的领域，如股票、信贷和另类资产。

重要的是，这些领域的收益来源是我们所了解的，我们对所涉风险的报酬感到满意。同时，我们需要理解涉及的风险。如果满足上述条件，那么我们就会选择投资这类资产。

曹实：关于你谈到的风险，你指的是可以依据历史表现分析波动性吗？

Ben Inker：我们较少关注诸如"我是否有足够的历史数据来计算出一个像样的协方差矩阵"这样的问题。管理无杠杆投资组合的一个优势是，你只需关心会导致资本永久性减值的事件，比如经济萧条、意料之外的严重通胀，或者战争、自然灾害等对财产的大规模有形破坏。我们认为，定价也是能导致资本永久性减值的事件。如果你为一项资产付出过高的价格，而资产价格下跌，你就会赔钱，而且你很难挽回这些损失。

曹实：你在进行资产配置时会关注哪些事情？能带我们回顾一遍这个基本流程吗？

Ben Inker：我们在看待资产类别或策略时，首先要问这样一个问题：资产所有者承担着怎样的风险，或者这种策略将会带来怎样的风险？有一些类型的风险会随着时间的推移得到补偿。比如，资产中蕴藏的下跌风险越大，理应获得的收益也越大。

在遭遇经济萧条时，股票的表现往往不佳，这就是为什么此时股票会有很好的风险溢价。我们的股票策略倾向于简单化：首要的假设是，如果遇到经济萧条，所有股票的表现都会很差。不要因为人们认为一些股票的风险低于其他股票，就假设股票在经济萧条时的表现会有很大的差异。

然后我们会问：收益是如何产生的？哪些估值或特征与获取这个收益相符？

我们从这个推定开始：股票的收益来自股东可获得的现金流。当我们考虑一众股票时，最安全的假设是，它们会带来的资金收益与资金成本相同。

我们的标准程序是，比如我们认为股票与政府债券相比有 3% 的风险溢价，与现金相比有 4%。如果现金的实际收益为 1.5%，那么股票的实际收益应该有 5.5%或 6%。因此，剔除通胀率，我们希望从股票中获得 5.5%—6%的收益，也可以理解为股票的正常化每股收益率至少应在这个水平。

如果股市的交易价格大约是 16 倍的正常化每股收益，我们会说："太好了，这个价格会带来 5.5%到 6%的实际收益率。"如果市盈率低于这个水平，它就很便宜，它的预期收益率也会更高。如果市盈率高于这一水平，它就很贵，而预期收益率也会更低。

曹实：你认为市盈率是长期稳定的还是只在一段时间内有效？

Ben Inker：在两种情况下，公允市盈率需要进行调整：一是股票风险溢价总体上发生了变化；二是风险较低资产的潜在收益发生了变化。

近年来，我们一直在努力搞清楚这样一个问题：现金和债券的潜在收益率是否是永久下降的？我们知道，今天的收益率明显低于历史水平。问题是，它们是否会上升到历史正常水平？因为股票是一种久期非常长的资产，所以很容易知道答案。今天的现金利率很低并不能说明公允市盈率很高。如果 5 年后的现金利率变得更高，那么你从股票中获得的收益大体不变，但会用更高的利率折现。如果利率曲线是永久下移的,那么股票的价值就会更高。但如果利率是暂时下调,即便是在相当长的一段时间内,其影响就没那么重要。至于正常市盈率是否会随时间发生变化,答案是有可能。对我来说,其变化的最大原因还是现金和债券的潜在收益率的下降。

曹实:你们的流程非常系统化。这个流程是否更注重基本面而并不偏向量化?

Ben Inker:我们并不一定要建立一个解释变量的回归模型。我们最擅长的是解释收益是什么以及是从哪里来的。从根本上说就是收益的产生方式是什么,以及我们能否对未来的收益作出合理的估计。

Jeremy Grantham 是一个根据基本面信息选股的投资者。当他对股票的公允价值进行估算时,他会将其分解成他能理解的小部分。当他研究更广泛的资产类别时,这也是他喜欢的方式。我和他一起工作了 25 年,我被他深深地影响了。

从基本面思考的好处之一是,能让你拥有分析新资产的能力以及可行的分析框架。另一个好处是,当市场走向相反方向时,它会帮助你保持信心。如果你基于已生效因子建立了模型,突然又出现了一套不同的在生效的因子,那么你很可能会对之前的因子模型丧失信心。

对我们来说,如果一个我们认为定价偏低、本应表现良好的市场最终表现不佳,我们知道该做什么分析才能搞清楚是我们一开始就错了,还是现在是一个比之前更好的买进时机。坦率地说,对我来说,这种基本面分析方法的最大优点是知道当事情出错时该问什么问题。

更偏重量化的高科技方法的优势在于,如果一种关系在长期展现出有意义的变化,而在短期这种变化能够合理地持续,那么计算机就可以代替人类进行操作。在一些情况下,你可以利用具备显著不同预期收益的资产之间的相关性,做一些很"酷"的事情。例如,一种货币表现出较高的 beta 值,价格又很贵,那么预期收益率会比较低;同时,若股票定价合理,有益于获得风险溢价,机会就出现了。你可以持有股票,同时做空该货币,这会移除风险并保留大部分的收益。而这类事情最好由一个能同时处理很多事情的完全量化的系统来完成。

曹实:我认为基本面的角度也许是投资者最容易接受的。

Ben Inker:坦率地说,能用投资者可以理解的方式来讲故事的能力是很重要的,因为在做大类资产层面的决策时,我们确实会面临缺乏广度的问题。最终可供选择的资产类别并不多,因此在给定的时间段内出现错误的概率相当高。在我们看来,你需要给一个多资产投资经理足够的时间来证明他们是否可以做得很好。

曹实:请举一些你们按照流程分析不同策略的例子。

Ben Inker:我们希望对所承受的风险有一个基本的了解。例如,如果我们采取货币套利策略,我们会审视历史关系,并关注套利策略是否会带来正的股市 beta。

一般来说,高利率货币往往来自需要外部融资的国家,这些国家的货币风险也会更高。它们面临全球资本流动性风险。现实中,这是套利策略风险的一个永恒来源,因此这一风险会带来收益。对我们来说,关键是第二步,我们的大类资产预测中需要包含我们的见解：这种资产现有的风险收益与可持续水平的对比。

偏动态的策略处理起来会更加复杂，例如一个我们现在正在使用的策略：合并套利策略。它看起来并没有太多的 beta，但你能想象大部分交易同时失败的情景吗？最显而易见的场景可能是一场萧条、一场经济灾难或一场市场灾难。在这种情况下，金融市场将陷入困境。因此，我们认为，合并套利策略获得收益的很大一部分原因是它带来了和股票大致相同的风险。在正常情况下，beta 看起来很低，但重要的不是正常情况。

曹实：我曾在 2004 年的金融分析师论坛上听过 Jeremy Grantham 的演讲。我记得他当时谈到了投资木材的问题。

Ben Inker：木材是一类非常缺乏流动性的资产，我们不会在资产组合中配置这样的资产，因为我们认为获得木材敞口更恰当的方式是购买一片森林。应该购买标准普尔指数，还是应该购买森林？很难将两者直接比较——如果你买了一片森林，你可能会被套很长一段时间。

曹实：有道理。所以木材并不是你们眼中的流动性资产。

Ben Inker：是的。作为大宗商品，木材的魅力之一在于，其收益的来源相对更加直接。从历史上看，林地的收益大部分来自树木的自然生长，这很好理解。但是在石油期货投资中，有很多不确定的部分是根本无法预知的。因此，我要说，木材在大宗商品领域中变得特别的原因在于它是可以预测的商品。

曹实：那么黄金呢？黄金的收益来源又是什么？

Ben Inker：我必须承认我不知道答案。我们一般不会配置黄金。

即使作为大宗商品，黄金也很奇怪的。从根本上说，石油是一种经济商品。当价格上涨时，我们可以找到减少消费的方法；当价格下降时，我们倾向于使用更多的石油。而黄金是不会被消耗的。无论黄金价格上涨 10 倍还是下跌 90%，其都不会对全球经济造成明显的影响。这就使得我们很难回答这样一个问题：以今天的价格，是该买进还是该卖出？

8.2　业绩评估

曹实：什么是衡量你们成功的标准呢？如果有客户想买入你们的一个策略产品，他们应该参考什么标准呢？

Ben Inker：如果购建投资组合时有一个共识的基准，那么我们的工作自然是在市场周期中超越这个基准。

人们都希望拥有一位能用更少风险赚取更多收益的基金经理，这显然是不现实的。我认为基金经理可以达到在正常风险水平上获得更好的收益，或在更低的风险水平上获得与市场基准相近的收益。这两种结果都会改善客户投资组合的风险/收益平衡。

有时，股票的定价使得其收益率比债券还要低。有时，股票相对于债券的预期收益溢价低于正常水平，但仍为正值。这使得基金经理很难决策股票/债券的配置比例，因为我们无法从这一决策中赚钱。今天，超配股票是没有意义的，但如果我们将资金从股票转移到债券，我们的投资组合的预期收益又会降低。

在风险组合中决策,特别是在风险较高的资产中决策是相对容易的。在市场处于下降周期时,相对于国际股票,我们会超配美国股票,我认为这不是作弊。它们都是股票,且拥有相似的风险水平。我们一直做这样的押注,我希望我们能创造价值,而且我们也没有系统性地违背基准的精神。

曹实:资产配置应该是多资产组合经理的工具之一,对吗?

Ben Inker:是的。随着时间的推移,在股票和债券之间切换可以改善投资组合的风险/收益平衡。但在任何时期,资产配置都可能带来正面或负面的影响。我不认为股票/债券配置决策在 5 年的时间里可以创造价值,但是在很长的期限里,我相信会的。

曹实:所以,你基本上会对自己的策略进行一些限制,避免自己偏离太多。

Ben Inker:当股票价格比正常水平低,或者比正常价格高时,我很乐意偏离。我不想做的是,当我偏离后还大呼,"看!股票收益是 6,债券收益是 3。我的基准中三分之二是股票、三分之一是债券。很明显,我可以获得比这更高的收益,那就是五分之四为股票、五分之一是债券。"在我看来,系统性地比客户选择的基准超配股票,来捕捉长期正的股票风险溢价,就是一种欺骗。

曹实:超配股票也不是稳赢吧?当市场开始出现问题,熊市会主导和持续一段时间的。

Ben Inker:如果真的遇到熊市,重仓股票的确会让投资组合表现不佳。当然,熊市是不可避免的。如果没有熊市,就不会存在股票的风险溢价。但考虑到熊市和股票风险溢价的存在,持有更多股

第 8 章 基金经理访谈：BEN INKER，CFA

票应该会增加投资组合的长期预期收益。不过，这并不意味着系统性地持有更多的股票是个好主意。

对我来说，最终如果客户认为 65∶35 是一个合适的基准，那通常是因为他们认为这是一个合适的风险水平。他们本可以选择 80∶20。如果客户喜欢 65∶35 投资组合的风险特征，而你给他们的平均投资组合是 80∶20，即使收益"更好"，你也很可能并没有真正地帮助他们。

曹实：从这个角度看，考虑到收益和风险，无基准的基金操作起来是否更加简单？

Ben Inker：在我看来，无基准投资风格的魅力，以及我们真正喜欢这个名字的原因是，如果我们不必担心跟踪误差，我们就可以建立一个预期收益率更高、风险更低的投资组合。

并不是没有基准就从本质上更好管理，而是如果我们只关心绝对风险和绝对收益，我们应该能够实现更好的绝对风险/收益平衡。

自 1999 年起，我们便开始无基准风格的投资。当时，美国股票的价格很贵，市值约占整个基准的 50%。而我们的整个多资产组合中仅有 25% 投资于美国股市。这 25% 的押注，显然对于关注跟踪误差的客户来说不是正确答案。仿佛除了这个押注，组合中其他的都不重要。

对于那些关心绝对风险和绝对收益的客户，我们的投资组合中有 25% 属于我们认为在未来 10 年内实际收益率将为负值的资产。从绝对收益和绝对风险的角度，我们没有好的理由去持有任何美国股票。持有它们的唯一原因是我们对基准的跟踪误差。

一个现实是，尽管我们有一只强调无基准配置的产品，但我认为，仍需要探讨这只基金的表现是否在长期上优于被动型基金。这是一个无法回避的问题：我们与竞争对手比究竟做得如何？

8.3 GMO 团队如何创造价值

（1）风险因子驱动配置

曹实：下面我们从与基准相关的话题切换到你们是如何创造价值的。什么是价值的主要贡献因素？你们期待这些因素起多大作用？

Ben Inker：在整个市场周期中，我们预计我们的基准类投资组合的整体跟踪误差将在 4%—5%。虽然我认为长期看，这应该是在选股和资产配置之间 50∶50 分配的，但我愿意承担的跟踪误差会随着市场的周期变化出现较大的变化，其取决于我们所看到的机会。

曹实：你怎么看待风险和组合构建？

Ben Inker：我们倾向于从风险的角度将资产分解为我们关心的几个风险因子。例如：

① 经济萧条风险因子：我们试图量化在经济萧条的情况下策略会有多糟糕的表现。

② 通胀风险因子：在某种意料之外的严重通胀下，情况会有多糟糕。

③ 流动性风险因子：在出现流动性冲击时，资产价格会受到多大程度的冲击。

我们没有用太多因子。在构建投资组合的时候，主要的问题是，承受经济萧条风险会给我们带来多大的收益。得到的收益越多，我

第 8 章 基金经理访谈：BEN INKER，CFA

们愿意承担的风险就越大。

然而，现实情况是，很难找到一种仅仅具有经济萧条风险，而没有其他风险的资产。即使可以找到，也很难弄清楚承担这类风险的收益是多少。

我们会购买包含一系列风险的资产或潜在策略产品。虽然我们希望从因子的角度来看待风险，但我们确实希望从资产的角度来看待收益。我们可以对一项资产进行估值，但很难对流动性或其他理论因子进行估值。

风险本质上是一个多因子的概念。由于存在流动性风险，我们可能会在新兴市场债务中获得较高的收益，而小盘股的收益则较少。如果这是真的，当我们想要承担流动性风险时，我们不希望只有一个流动性因子，我们希望理解我们关注的风险以及承担这些风险能够获得的合理收益。

曹实：你能将 GMO 的方法和风险平价策略做一个对比吗？

Ben Inker：在我们审视全球股票因子时，我们不会只问收益是多少。风险更接近一般的风险因子，但收益却来自资产本身。这对我们来说是个重要的转变。

我们的担忧之一是，当投资者在因子投资（例如风险平价）这条路上走得太远时，会假设因子之间的关系保持不变，这相当于假设风险溢价一直存在。

假设债券有期限溢价，那么期限溢价就是对未预料到的通胀风险的收益。因此，在风险平价组合中，我们希望期限溢价的风险与股票溢价的风险保持平价。组合的比例将是 30%股票、70%债券，并按标准加杠杆。让我们担心的事情之一是加杠杆，因为这给我们带来了融资风险,而这一风险本来是不存在的。

另一个担忧是,从历史上看,债券的表现优于现金。一个可能的原因是,你承担了通胀风险,而且通胀风险可能已经存在于你的资产中。但我们以现在的情景为例,现在的收益率曲线是平坦的。如果你投资的是日本市场,那么对日本市场的期限溢价,你有多确定?在美国,按照我们对债券和现金的看法,尚不清楚债券是否存在风险溢价。坦率地讲,日本或英国其实更容易判定,这两个国家的债券的风险溢价为 0,甚至为负。我们真正担心的是,即使现时的价格已无法提供收益,仍然假定存在风险溢价。

坦率地说,近年来风险平价策略的神奇之处在于,股票和债券一直呈负相关。因此,风险平价组合拥有了一个很好的优势,即降低了波动性。在负相关性下,如果你把股票和债券放在一个类似的波动水平上,那么整个投资组合的波动率就会更低。情况并不总是这样,在加了杠杆的情况下,你假设的负相关实际是正相关的,那会对投资组合非常不利。

曹实:那全球宏观策略呢?

Ben Inker:全球宏观是不同策略的复杂组合,从 CTA 到多因子方法无所不包。

大多数政治和宏观经济事件的长期影响最终并没有短期看上去那么大。我认为,从整个市场周期的角度来看,经济衰退并不是大问题。长期来看,它们不会以显著降低总收入的方式留下烙印。收入在衰退期下降,在复苏期上升,但你不会遇到系统性的破产问题,你不会遭遇长期的系统性损失。另一方面,大萧条造成的影响则是实实在在的。

第 8 章 基金经理访谈：BEN INKER，CFA

全球宏观策略通常意味着要根据你预测宏观经济事件的能力进行投资。这是一个非常棘手的游戏。仅仅能够比其他人更好地预测宏观经济事件是不够的（这已经很难了），你还必须能够预测市场对这些事件的反应。在某种程度上，市场的反应更多是行为上的，而不是理性的。因为大多数宏观经济事件不会改变资产的长期公允价值。

如果你能准确地预测经济衰退，你就可能赚钱。但这很难。如果你正在做的是，预测市场衰退可能性的变化，从而比市场更快调整资产定价，这会变得更加难。我并不是说这不可能，但它并不像最初看起来的那么简单。

曹实：。

Ben Inker：是的，当然我们所从事的工作从很多角度讲都是十分困难的。最重要的是纪律性。我们坚持我们正在做的一切，这在情感上是困难的，这不是一份容易的工作。

曹实：GMO 以坚持自己的策略而出名。动量策略总是更容易执行，因为大多数情况下你可能都正确，你的客户也会更高兴。

Ben Inker：动量策略对选股是有帮助的，因为具有良好价格动量的股票比一般股票更有可能带来正收益的惊喜。

动量策略起作用的原因可能是市场中人们的反应不足。与市场反应不足对应的是——这很容易想到——充分利好的消息最终可能导致市场的过度反应。那时，在合适的时间抛售将是至关重要的。

有证据表明动量策略在资产类别中也发挥了作用。GMO 有一个用量化方法进行资产配置的小组。通过量化方法，他们能够有效地利用动量。而如果用基本面的或判断性的方法则很难利用动量。我们不知道怎么才能那么自信。

曹实：成为一个价值基金经理或是动量基金经理是与生俱来的吗？想在两者之间切换似乎是非常困难的。不过价值投资的挑战是要知道于何时动用全部仓位。

Ben Inker：原则上，一旦一组股票的预期收益率略高于另一组股票，你就可以在你的风险预算允许的范围内转换并持有这一组股票。

问题在于这种方法是一把双刃剑。一方面，你的跟踪误差对你的信息比率来说可能太高了，你要承担的绝对风险对夏普比率来说也可能太高了。另一方面则更多属于行为金融范畴，如果你拥有的资产价格下降，你可以买入更多，这是一种心理安慰。

在 2008 年年底和 2009 年年初，我们一直在稳步买入风险资产，但它们下跌得非常快，以至于很难在投资组合中对风险资产的整体权重进行调整。

在建立一个长期的、能带来强劲收益的投资组合与坚持寻找一个更好的切入点之间，我们需要进行权衡。

让我们感到进退两难的是，我们知道当时股票的绝对价格是便宜的，预期非常正面，但我们在某种程度上出手很慢，因为我们估计只有当股票价格达到公允价值的一半左右时，才会触底反弹。所以，我们继续买入，但是没有全仓。

第8章 基金经理访谈：BEN INKER, CFA

回想起来，我认为我们在一定程度上是贪婪的。在2008—2009年，我们之所以延缓购买风险资产，一部分是出于对经济萧条的恐惧，但大部分是出于贪婪。我们当时是在尝试寻找一个更好的切入点。

坦率地说，我们的投资框架中有一个有利于创造资产类别收益的因素。从长期来看，我们的框架会设定资本收益率为6%。市场不会永远大幅低于重置价值。当交易价格低于重置成本，我们预计将会有一个高收益。坚守投资纪律迫使我们买入，并且我们确实在2008年年底和2009年年初买入了股票。不过，我们本可以买入更多。我们的预测表明，那是二三十年间买入风险资产的最佳机会。

我们原以为，股市下跌在很大程度上不过是一个估值过高的市场跌至公允价值而已。我们认为它在2009年年初变得便宜了，也许比公允价值便宜25%。我可以说，当股价比公允价值便宜25%时，你应该尽最大比例重仓股票。有时你会经历巨大的痛苦，例如当25%的折价变成50%的折价时，但如果你准备好了以25%的折价全仓持有，随着时间的推移你会赚更多的钱。这是一件很难做到的事情，因为到了25%折价的时候，你很容易会认为股价可能还会低于公允价值50%甚至75%。

曹实：那时上班的感觉如何？

Ben Inker：我们花了大量的时间关注一个问题：基于历史表现，资产价格会便宜到什么程度？

曹实：客户赎回资金的情况是怎样的？

Ben Inker：我们经历过大规模的客户赎回，能够安全度过的一个原因是我们的组合保持了合理的流动性。事实是，客户赎回并没有阻止我们对组合进行再配置。某种意义上，这让我们的再配置过程变得更加容易。资金的流入或流出让我们在某种程度上可以无成本地进行资产再配置。

（2）动态资产配置

曹实：你们似乎没有一个特定的动态策略。你们根据你们的哲学配置资产，随着时间和其他因素的变化，你们再重新进行调整。

Ben Inker：是的，在我们的基础组合没有一个动态的多–空子策略。我们试图从整体构建组合，基于我们所见的风险/收益平衡和资产价格构建组合。

曹实：你们是否会在固定时间对组合进行调整，还是会根据具体情况随机应变？

Ben Inker：资产价格的快速变化会让我们做出快速的调整。在2008年的秋季和2009年的春季，投资组合的变化比2013年、2014年的变化更快。对我们来说，每年通常会出现3—6次重要的事件，让我们对组合进行调整。

我们每月会更新对大类资产的预测。如果有必要，我们也可以在月内完成这项工作，但很少有必要这样做。但每月给出最新的预测并不意味着目标投资组合每个月都会变化。目标投资组合每年只会调整几次。

曹实：在动态流程中我们看到一个问题，如果人们在基础组合

第8章 基金经理访谈：BEN INKER，CFA

之上叠加了动态策略，那么该组合的换手率会较高。我们常常问大家，他们是如何进行这些调整的，在进行调整时预估的成本是什么。对于一些资产类别来说，调整的成本会非常高，比如新兴市场债券。

Ben Inker：如果是像新兴市场债券这样的资产，成本可能较大。我们会买入或卖出一个债券的实际组合，而不是进行总收益互换交易。交易成本很容易就会达到50个基点，甚至更多。

曹实：所以你们会因为成本因素而减少这类调整的次数？

Ben Inker：是的。对于像新兴市场债券这样的资产，我们持谨慎态度。但实际情况是，因为我们预测的变化率相对缓慢，如果某类资产值得购买，我们通常会持有好几年；如果我们没持有那么久，很可能是因为我们很快就得到了很好的收益。以2016年信贷市场为例，第四季度是一个很好的买入机会。信贷并不是一种流动性很好的资产，因此一般大家会长期持有。然而，从我们6月、7月进场开始，息差已经很大了。随着收益率的大幅度降低，再坚持下去变得没有意义了。所以我们选择卖掉了它，尽管只持有了几个月。好消息是，我们在6个月内获得了相当于几年的收益，这也很好。因此，我们希望在我们的买入和卖出之间有一个合理的预期收益阈值，这通常足以确保我们能够承担更多的交易成本。

曹实：什么时候你会做出调整，平均阈值是多少？

Ben Inker：一笔交易一般在2%—10%之间，超过这一范围的情况很少。2016年年初，我们的投资组合中有15%是通货膨胀保值债券（TIPS）。到2016年6月，这一比例为0，因为其收益率从55个基点下跌至10个基点。

TIPS 流动性较好。持有 TIPS、债券和现金之间的区别较小，因此这个决策相对不那么重要。TIPS 优于名义债券，但 TIPS 相对于现金的边际优势并不大。因此，将 15%的资金从 TIPS 转换成现金，从组合风险的立场上看并没有太大的影响。持有 15%以上的新兴市场股票则完全不同。首先，这些证券的流动性较差，需要一些时间才能买到它们。但更重要的是，我们通过进入这一风险资产类别，很大程度上改变了投资组合的风险立场。我们不可能一时兴起就这样做。15%的持仓变动会给新兴市场股票的估值带来很大的变化，这意味着我们很有可能需要在相当长的一段时间内采取一系列措施才能达到目标。

曹实：在帮助他人理解你们的投资策略时，你们遇到了哪些挑战？

Ben Inker：我们有一个哲学性的观点：动态资产配置可以提升组合表现。而一般的投资委员会不适合做出这些决定。

这可能有点"自吹自擂"，但我们相信，通过纳入一些动态资产配置，可以改善一个传统的、相当静态的投资组合。困难在于，判断这样做是有利还是不利需要一段时间。如果基金经理没有那么大的权限，即使资产组合的夏普比率有所改善，信息比率也不会很高。所以，对于任何想做这件事的人来说，下定决心是很重要的——我将在未来几年尝试这样做。我认为，为了做到这一点，首席投资官或投资委员会需要接受一个基本的理念：相信基金经理的决策是正确的。

对我们来说，我们希望服务那些相信长期价值，以及相信收益是由投资者可获得的现金流驱动的的投资者。对这两件事持怀疑态度的人不太适合我们的产品。

第 8 章 基金经理访谈：BEN INKER，CFA

曹实：你对货币对冲怎么看？

Ben Inker：货币是一种有趣的资产，而套息是一种有趣的策略。关于货币对冲，我的观点是，用货币对冲的方式来考虑债券是合适的，用非对冲的方式来考虑股票也是合适的。原因是，大多数公司的基本现金流是不含通胀因素的，它们产生的商品和服务在许多情况下不受实际汇率的影响。因此，汇率变动并不必然影响一家公司的实际价值，在极端情况下，市场会看穿货币因素。我能想到的最极端的例子是在 2015 年 1 月，当时瑞士法郎打破了盯住欧元的汇率制度。瑞士法郎兑欧元升值约 15%，而当日股市下跌约 15%。如果你持有未对冲的股票，你的投资组合的价值就不会发生任何变化。如果你持有瑞士股票并对瑞士货币进行对冲，那么当天你就损失了 30%左右，而且根本不要指望你能挽回这些损失。这是一个极端的例子，但它说明了我的观点。这并不是说我们从来不对冲股票。如果我们要持有股票，我们只有在认为货币确实有一些真正令人感兴趣的错误定价时，才会进行对冲。

曹实：还有什么需要补充的吗？

Ben Inker：投资关注风险和收益。关于因子投资，我最欣赏的是它让投资者意识到风险不仅仅是一个单一的数字。关于投资收益，在我看来，重要的是，要把收益是从哪里来的、现在资产定价如何这两个问题结合起来考虑。如果你能明智地考虑资产包含的风险以及它们对应的价格能带来的收益，那么你最终会收获满意的结果。